はじめに

この本は、平成24年4月から平成27年3月まで3年間、文部科学省から大分県教育委員会に出向し、教育改革・企画課長として取り組んできたこと、考えてきたことを、27年度の終わりにまとめたものです。

この本の一番の目的は、「引き継ぎ」にあります。私の後任の課長をはじめ県教育委員会の職員に、教育改革をさらに発展させてもらいたいという思いが、この本を書く一番の動機でした。

同時に、学校の先生方、保護者や地域の方々にも広く大分県の教育の状況をお知らせしたいと思いました。学校現場には、ともすれば教育委員会は一方的に施策を押しつけてくるところのように見えることもあると思います。また、保護者、地域の方々の中にも、教育委員会って何をしているんだろうと思われる方もいらっしゃるのではと思います。そういったことが少しでもなくなるよう、県教育委員会がどういうことを考えて取組を進めているのか、なるべく分かりやすく書こうと努めました。

また、在任中、秋田県、広島県、岐阜県など多くの都道府県にお邪魔したり教育委員会の方々と意見交換をしたりする中で、各県には驚くほど似通っていたり、逆に驚くほど異なる状況があり、県の間で情報共有することは非常に有意義だと感じました。一方、行政官の目から教育行政をどう進めたかを書いた本は、ほとんどありません。この本が、「ある県」で進められた教育行政の一例として、教育行政に携わっている方々の参考になったり、多くのことを教えて頂いた他県への恩返しとなったりすればと思っています。

大分県は、平成20年の教員採用汚職事件以降、大きく変わりつつあります。その一番の成果は、子どもの学力・体力の向上です。ただ、決してここで立ち止まってはいけないと思っています。これまでの教育改革の取組が一過性のものになるのか、一層の取組によりさらに子どもたちの力と意欲を伸ばしていけるのか、今が分かれ道だと感じています。

3年間の軌跡を振り返り言葉にすることで、これから進むべき道筋が少しでも見えるものになっていればと願っています。

（※なお、本書中の情報、役職名等は26年度末時点のものです。
また、本書の刊行には公益財団法人文教協会の助成を頂いています。）

目次

第一章　大分出向

出向内示

大分に出向になりそうだと聞いた時、感じたことをよく覚えています。

「大分には行きたくなかったなあ。大変そうだなあ。」

伏線があります。大分県では、平成20年に全国を騒がせた教員採用汚職事件が起きています。この事件は、教員採用や昇進人事をめぐり、現職の校長や教頭、県教委幹部ら八人が収賄や贈賄の罪で起訴された事件です。事件が発覚したのが、20年の6月14日。私は、同年の10月から初等中等教育企画課公務員係に配属になり事件を担当していました。事件自体のインパクトもさることながら、度々文部科学省にご報告にいらしていた小矢前教育長の緊迫した重たい顔や、大分県の担当者と交わした陰鬱なやりとりの記憶は、「九州に行きたかったけど、大分だけは……」と思わせるに十分でした。

24年3月に、大分県出向それも教育委員会の主管（筆頭）課長だという正式の内示があり、次に襲ってきたのが猛烈な不安感です。それまで文部科学省で経験してきたポストは、係長や係長に毛の生えた程度の新任課長補佐であり、そこから課長職との間には、感覚にして数万里の距離があります。自分が課長なんて務まるのだろうか、課員から「あなた、誰ですか」と言われたらどうしようなどと、出向の日までざわざわとして気持ちを抑えられない夜が続きました。

もちろん、そんな心配は杞憂で、大分県の方々は、本当に温かく迎えてくれました。4月の明るい日差しを受けながら、緊張してなかなか言葉にならない課長就任挨拶をし、拍手を送ってもらった時のほっとした気持ちをよく覚えています。数日して課の職員のことが徐々に分かってくる中で、ようやく県庁そばの公園の桜を美しいと感じられるようになりました。

出向について

ここで文科省からの出向とは何かについて少し説明させてください。文科省の総合職の職員（いわゆるキャリア官僚）の出向はけっこう多く、文科省人生を通して、数回出向する人もいます。行き先も様々で、都道府県や市町村への出向の他にも、大使館、他省庁、大学への出向などがあります。我々は、通常は文科省職員として仕事をしていますが、文科省の中だけで仕事をしていると、視野が狭くなってしまいます。出向には、違う環境で働くことで、視野や人脈を広げるという狙いがあります。

地方への出向は、文科省に入って概ね10年目前後の職員が行くケースが多いです。期間としては、通常大体2年間、長くて3年間で、出向時の役職は多くの場合は課長です。現在、都道府県だけでも、文科省から27県に出向しています（２０１５年1月時点）。自治体がポストを空けて文科省職員を受け入れてくれる理由は、国とのパイプをつくるといった面もあるでしょうし、国で培った知見を発揮して地方の行政に刺激を与えてほしいといった意図もあるかもしれません。いずれにせよ、大変ありがたいことです。

多くの方々から、「地方へ出向して大変ですね。早く東京に帰りたいでしょう。」と言われます。全然そんなことはなく、ほとんどの文科省職員は地方への出向を心待ちにしています。それは、霞ヶ関の激務からしばし解放されるという側面もありますが、やはり、文科省のとりわけ若手職員が現場感覚に飢えているということが一番大きいと思います。地方への出向は、ともすると字面の情報だけで仕事をしてしまうことが多い文科省職員に、自分達の仕事が、実際にはどういう意味を持っているのかを教えてくれる、またとない機会です。

大分県について

3年間お世話になった大分県についても、少し紹介させてください。

大分県は美しいところです。東は海に面し、西には九重連山をはじめとした山々が控えています。私は特に別府湾沿いの風景が好きで、穏やかで広がりのある水面、夜、湾沿いに並ぶきらきらした光とその背後にたなびく温泉街の煙など、いつまで見ていても飽きることがありません。また、新緑が本当に鮮やかで、私の故郷の徳島とはまた違う緑の美しさに、ドライブをするだけで幸せ感に浸ることができました。

人口は約120万人です。将来の人口減社会の到来を見越し、市町村合併がかなり進んだ県で、市町村の数は18です（14市、3町、1村）。ただ、人口の偏在・一極集中の傾向は強く、県庁所在地である大分市（中核市）が約48万人、次が別府市の約12万人と大きな開きがあります。この1年間（25年10月から26年9月）で人口が増えたところも大分市だけ（＋50人）で、後は軒並み人口が減りつつあります。

大分で何より有名なのは温泉です。群馬県との間でちょっとした論争になった「日本一のおんせん県おおいた」というキャッチフレーズにも表されているように、大分は日本で最も温泉の湧出量が多い県です。

日本一のおんせん県おおいた♨味力《みりょく》も満載

食べ物は、本当においしいです。有名なところでは、関あじ関さばですが、それに限らずお魚はすべからくおいしく、また、鶏天、唐揚げ、という大分を二分する鳥料理も何回食べたか分かりません。値段も手頃で、小料理屋で３０００円ちょっとも出せば、新鮮な刺身を甘辛くたれ付けにした「りゅうきゅう」、かぼすを添えて出される焼き魚などを、地元の麦焼酎や日本酒と共に存分に味わうことができます。さらに冬には絶品のふぐが待っていて、年中通して食べ物の楽しみが尽きることがありません。

このような大分の素晴らしさを知ったのは、出向で来てからです。私は恥ずかしながら地理に弱く、出向で来る前は、大分県の場所がどこなのかさえ正確に分かっていませんでした。また、正直街が栄えているイメージはなく、「昔ながらの温泉街があるくらいの感じかなあ」と思っていました。実際には、3年間住まさせてもらった大分市には、九州3番目の繁華街である「都町」があり、また、県庁まわり駅まわりでも、多くの料理屋やお店で賑わっていて、しかも県民性なのかどんどん店が入れ替わっていきます。

最近では、駅の南側に気持ちいい芝生がある「ホルトホール大分」（複合文化交流施設）ができ、平成27年度からは新しい県立美術館（ＯＰＡＭ）や駅ビルの誕生が予定されています。大分市内から40～50分も運転すれば、別府の温泉街で、もう少し足を伸ばせば湯布院で温泉に浸ることもできます。週末には、佐伯市の港でおいしい魚を食べたり、国東半島で独特の神仏習合の文化に触れることもできます。

こんな豊かで住みやすいところは、全国探してもそうないのではなかろうかというのが、今の偽らざる感想です。

大分県教育委員会

さて、仕事の話です。大分県教育委員会の組織は、下のようになっています。

本庁は、11課1室。この中の教育改革・企画課の課長が私が務めさせてもらうことになったポストです。「教育改革・企画課」というこの仰々しい名前は、20年の事件が発端になっています。

教育庁組織
（平成 27 年 1 月現在）

教育長
- 理事兼教育次長（総務・改革担当）
- 教育次長（学校教育担当）
- 教育次長（社会教育担当）
【本庁】

課・室名
1　教育改革・企画課
2　教育人事課
3　教育財務課
4　福利課
5　義務教育課
6　生徒指導推進室
7　特別支援教育課
8　高校教育課
9　社会教育課
10　人権・同和教育課
11　文化課
12　体育保険課

【地方機関】
教育事務所（6カ所）
埋蔵文化財センター

【教育機関】

所属名
1　県立図書館
2　教育センター
3　芸術会館
4　歴史博物館
5　社会教育総合センター
6　先哲史料館

21年度に事件に対応しつつ次の展開を図る部署として教育改革推進室ができ、それが総務課と合体して、22年度からこの課が誕生しました。他の課室の多くも事件を受けて組織の変更が行われています。

このように、大分県は20年の事件を契機とした一連の教育改革の流れの中にありました。教育改革・企画課長という名称も、教育改革を何が何でも進めていくという決意の現れだったのだと思いますが、新米課長の私にはいささか荷が重い名称でした。同じく文部科学省から出向していた前任者からは、「何もしなければしないでそのまま過ぎるし、何かしたければ何でもできる課なので、いろいろやってみれば」と言われていましたが、「教育改革・企画課長」という名前に恥じない課長になるためには、何をすればいいのだろうとよく悩みました。

出向当初の仕事

4月、いよいよ仕事が始まりました。これからお世話になる方々と少しでも親しくなるのが、まずは何より大事と思って、できる限り色々な会議や懇親会などに参加しました（ただ飲みたかっただけかもしれません）。そんな中で、はじめに取り組んだ大きな仕事は、前年度から宿題になっていた、学校における私費の取扱いについてでした。県の監査事務局から、本来公費で負担すべきものが、私費（ＰＴＡ会費など）により負担されているのではという指摘を受けたことが事の発端です。例えば、学校の樹木の剪定にかかる費用は県費で賄うべきで、ＰＴＡ会費から出しているのはおかしいといったことです。指摘は多岐に渡り、これほど幅広く公費・私費の取扱いについて監査で指摘されたのは、全国でもはじめてだと思います。

指摘の中には素直にうなずけないところもあったものの、全体としては貴重な指摘であり、真摯な対応が求められました。最終的に、「公費・私費の負担区分の基準となる考え方」を示し、この仕事に一応の決着をつけたのが、平成24年8月31日です（ご興味がある方は、大分県ホームページの「学校私費会計取扱要領」をどうぞ）。

この仕事を通して、なかなか触れることのない学校の会計の在り方を知ったことは大変いい勉強になりましが、私にとって何より有り難かったのは、野中教育長や3人の次長と一緒に仕事をする経験をしたことです。新米課長としては、上司の信頼を得たいという気持ちが強く、「お、しっかり仕事をするね」とまずは思ってほしかったのだと思います。

その関係で一つ思い出すのが、「席配置」です。大分県に来て2～3ヶ月して気がついたのは、教育長室での打ち合わせの時、野中教育長が正面に座っている人に目線を向けることが多いということです。恐らく、すぐ横に座っている説明者に視線を向けて話すのは「近すぎる感」があるので、目を向けやすい正面を見られるのかと思います。ある日そのことに気がつき、それ以降、可能な限り教育長の正面に座るようにしました。それにより、打ち合わせテーブルに座っている他の課長に、「教育長は佐野課長を頼りにしている」と感じてもらえると思ったからです。今思えば「せこい」考えでしたが、その日から3年間、教育長の正面が私の定位置になりました。

出向から半年経ち、次に取り組むことになった大きな仕事が、「芯の通った学校組織」の構築です。大分県での3年間、最も熱心に、そして必死に取り組んだこの仕事について、次章以下でお話したいと思います。

COLUMN

便利な数字

大分県の人口約 120 万人という数は教育行政に携わる人間にとってはある意味「便利」な数です。どこの都道府県でも大体、小中高校の児童生徒数の総数は、その都道府県の人口の約 10 分の 1 です。また、小中高校の教職員の総数は約 100 分の 1 です。

ということは、大分県の児童生徒数は約 12 万人、教職員は約 1 万 2 千人ということになります。さらに小 1 から高 3 までは 12 年なので、大分県の児童生徒は各学年に約 1 万人いるということになります。

これだけでもイメージしやすいですが、その上、120 万人という人口は、国の人口約 1 億 2 千万人の 100 分の 1 ですので、国との対比においても、国の 100 分の 1 を上回っているか下回っているかを目安にすることができます。例えば、東大入学者数の総数は、毎年約 3000 人なのですが、大分県からの 26 年度の東大入学者数が 18 人だったので、「30 人いていいはず。まだいけるはず。」と言う声を聞いたことがあります。

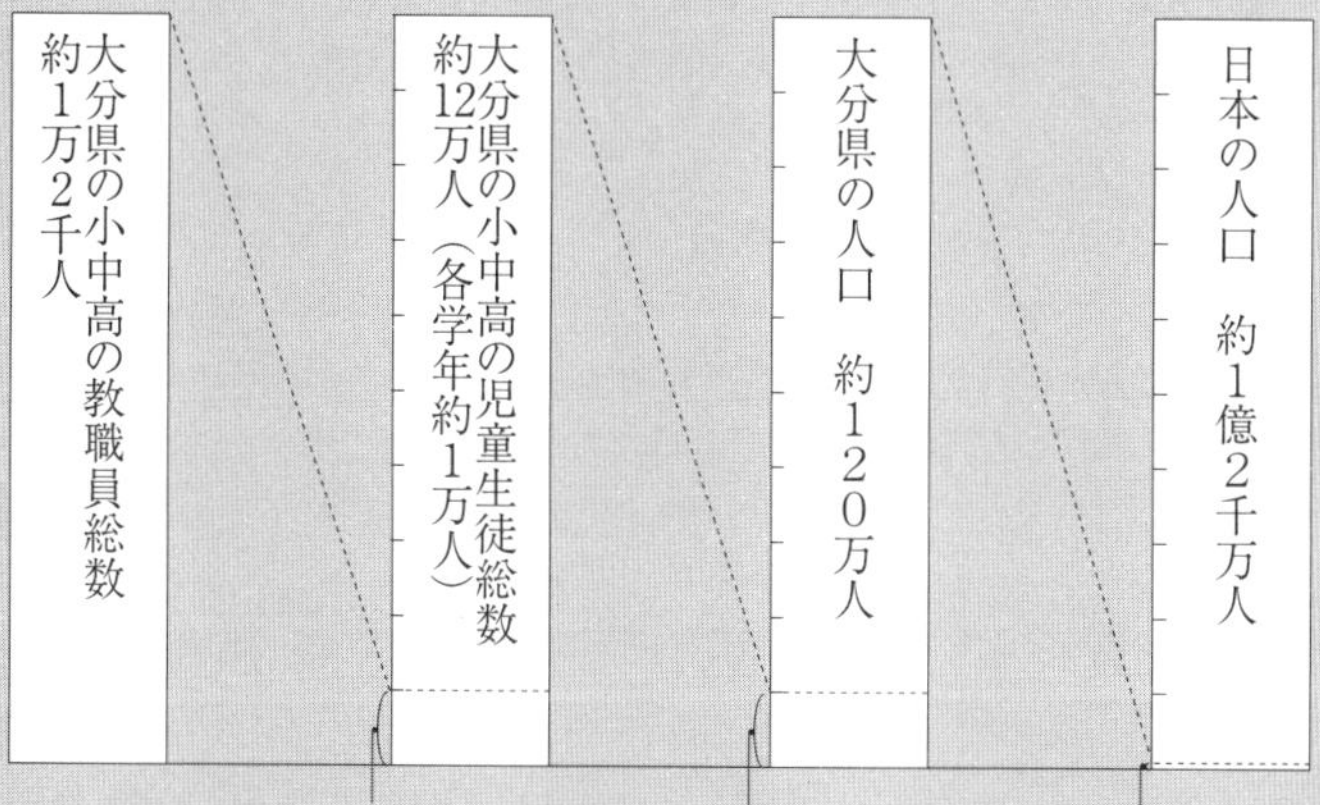

第二章　「芯の通った学校組織」の構築

一つ目の課題

平成24年当時、大分県には二つの大きな課題がありました。一つ目の大きな課題は、子どもたちの学力・体力の向上です。国が「全国学力・学習状況調査」（以下、「全国学力調査」）を40年ぶりに再開したのが19年度。それから23年度までの大分県の全国学力調査における全国順位は、次の通りです[1]（大分県では全国の児童生徒と比べて大分県の児童生徒に十分力が付いているかを意識するための一つの目安として、全国順位を独自に算出し、一定の着目をしています）。

	小6	中3
19年度	44位	32位
20年度	37位	37位
21年度	40位	40位
22年度	41位	42位
23年度	中止	

知事が24年度のはじめに行った講演では、

「これから大事なことは学校現場で知・徳・体の教育で成果をあげるということです。特に、学力は、大分県は全国のレベルで比べてみると、ちょっと恥ずかしくなるような成績になっていますので、教育現場に対して、とにかく学力向上に努めてもらうよう、強くお願いしているところです」

と話されており、学力の向上は喫緊の課題でした。

また、20年度に始まった「全国体力・運動能力、運動習慣等調査」（以下、「全国体力調査」）においても、次のように大分県は低迷した状況でした。[2]

		20年度	21年度	22年度	23年度
小5	男子	32位	27位	33位	中止
	女子	40位	37位	35位	
中2	男子	39位	38位	33位	
	女子	43位	46位	45位	

全国学力調査の意義

少し回り道をしますが、ここで先に、学力、特に全国学力調査の意義について私の考えを述べたいと思います。

学力向上が大事だと言うこと、特にそこでいう「学力」を全国学力調査の結果を目安に使って捉えることに対して、異論が述べられることがあります。最近でこそそこまで聞かれなくなりましたが、私の赴任当時は、まだ教育関係者の間に全国学力調査で測られる学力は「点数学力」に過ぎないと言って軽んじる空気がありました。要は、ペーパーテストで測られるような学力は「真の」学力ではないということです。

一般にも、「学力」というと「知識の詰め込み」を、「学力調査」というと難解な漢字や単語、年号などの「重箱の隅をつつくような問題」をイメージされる方もいらっしゃると思います。

確かに、ペーパーテストで測れる力が、子どもたちの学力の全てでないことは、その通りだと思います。ただ、現在の全国学力調査の内容が、知識の多寡を問う「重箱の隅をつつくような問題」かと言えば、それは決してそうではありません。例えば、24年度の小学校6年生の全国学力調査国語B問題では、次からのページにあるような問題が出ました[3]（よければ是非一度解いてみて下さい）。

3

陸上クラブの金子さんは、長い距離《きょり》を速く走ることを目標にしています。そこで、子ども向けの雑誌《ざっし》の中から陸上競技について書かれた記事を探《さが》して読みました。次の**【月刊『未来へはばたく☆小学生』の一部】**を読んで、あとの問いに答えましょう。

【月刊『未来へはばたく☆小学生』の一部】

特集 マラソン 第1回

2012年7月、ロンドンオリンピックが開幕《かいまく》する。陸上競技の中で、最も長い距離を走るマラソン。身体的、精神的な限界にいどむ選手たちの姿《すがた》は、人々の心をひきつける。今回から3回にわたって、マラソンを特集し、その魅力《みりょく》などを紹介《しょうかい》していく。

男子マラソンのスタート直後の写真

▲男子マラソンのスタート直後（2011年世界陸上競技選手権《せんしゅけん》）

何㎞（キロメートル）走るの？

マラソンの距離は、なんと**42.195㎞（☆豆知識コーナー）**。世界共通である。男子も女子も同じ距離を走る。この距離で行われるマラソンを「フルマラソン」という。世界各地の市民向けの大会などで取り入れられているハーフマラソン（21.0975㎞）なども「マラソン」と呼《よ》ぶことがある。

☆豆知識コーナー マラソンのはじまり

かつて古代ギリシャが、ペルシャの大軍に「マラトンの戦い」で勝ったとき、勇ましいギリシャ人の一人が、その知らせをアテネまでの約40㎞を走って伝えたという。このことがもとになり、1896年にアテネで開かれた第1回オリンピックにおいて、マラトンとアテネの間で競走が行われた。これが、マラソンのはじまりであるといわれている。

マラトンとアテネを結ぶ地図

〈各回の主な内容〉

未来へはばたく☆小学生　15

特集　―マラソン―　第1回（4月号）
世界のトップランナー

トップランナーの走るスピードは…

42.195kmをいかに速く走りぬけるかを競《きそ》うマラソン。2011年7月現在，男子の世界記録は，2時間03分59秒で，ハイレ・ゲブレシラシエ選手（エチオピア）がもっている。女子の世界記録は，2時間15分25秒で，ポーラ・ラドクリフ選手（イギリス）がもっている。100mを何秒で走る計算になるかというと，男子が約17.6秒，女子が約19.3秒。この速さで走り続けるのだから，おどろきである。

〔マラソンの世界記録上位5人〕 ▼国際陸上競技連盟《れんめい》の資料を参考にした。（2011年7月現在）

（男子選手）

順位	記録	選手の名前	国籍《こくせき》・所属	場所	年
1	2時間03分59秒	ハイレ・ゲブレシラシエ	エチオピア	ベルリン	2008
2	2時間04分27秒	ダンカン・キベト	ケニア	ロッテルダム	2009
		ジェームズ・クワンバイ	ケニア	ロッテルダム	2009
4	2時間04分40秒	エマヌエル・ムタイ	ケニア	ロンドン	2011
5	2時間04分48秒	パトリック・マカウ	ケニア	ロッテルダム	2010

男子が2時間をきる日は、いつだろうか…。

（女子選手）

順位	記録	選手の名前	国籍《こくせき》・所属	場所	年
1	2時間15分25秒	ポーラ・ラドクリフ	イギリス	ロンドン	2003
2	2時間18分47秒	キャサリン・ヌデレバ	ケニア	シカゴ	2001
3	2時間19分12秒	野口みずき	日本	ベルリン	2005
4	2時間19分19秒	イリーナ・ミキテンコ	ドイツ	ベルリン	2008
		メアリー・ケイタニー	ケニア	ロンドン	2011

野口みずき選手の写真

▲野口みずき選手

日本人選手の記録

（男子選手）

男子の日本記録をもつのは，高岡《たかおか》寿成《としなり》選手。

2002年のシカゴマラソンで，2時間06分16秒の記録を出した。この記録は，世界第29位にあたる。（2011年7月現在）

高岡寿成選手《たかおかとしなり》の写真

▲高岡寿成選手

（女子選手）

女子の世界記録を上位10人まで見ると，次の選手たちもその中に入る。

◆渋井《しぶい》陽子選手
→2時間19分41秒【世界第8位】
（2004年　ベルリン）

◆高橋尚子《なおこ》選手
→2時間19分46秒【世界第9位】
（2001年　ベルリン）

《大募集《ぼしゅう》！読者からの質問》マラソンについての質問をどしどしお寄せください。くわしくは89ページを…

四　金子さんは、日本の女子選手と男子選手のそれぞれについて考えたことをまとめています。

【金子さんがまとめた内容】の□の中には、どのような内容を書くとよいですか。あとの条件に合わせて書きましょう。

【金子さんがまとめた内容】

> 日本の女子選手は、世界的に活やくしてきたと考えられます。そのように考えた理由は、□
>
> 日本の男子選手は、…
>
> ～（省略）～

〈条件〉

○**「マラソンの世界記録上位5人」**と**「日本人選手の記録」**の二つの記事を結び付けながら読み、金子さんの考えの理由となる事実を、両方から取り出したり、まとめたりして書くこと。

○「そのように考えた理由は、」に続くように、四十字以上、六十字以内にまとめて書くこと。

この問題が子どもに求めているのは、「複数の記事を結び付けながら読み、事実を基にして自分の考えをもつこと」です。正答例としては、次のものが挙げられています。

（日本の女子選手は、世界的に活やくしてきたと考えられます。そのように考えた理由は、）野口みずき選手、渋井陽子選手、高橋尚子選手の三人が二時間十九分台の記録をもち、世界第十位までに入っているからです。

全国学力調査はＡ問題（基礎的・基本的な知識・技能）とＢ問題（思考力・判断力・表現力等）で構成されていますが、Ｂ問題はこういった、情報をまとめて記述することなど、実社会の中で求められる力を測っています。

こういった問題を解けるようになるためには、資料を読み比べ、情報をまとめ、要点を書かせる指導を行う必要があります。国語の授業というと、物語文を読み登場人物の気持ちを理解して感想文を書くといった授業を思い浮かべることが多いと思いますが、こういった感性や情緒を育む指導だけでなく、要約・論述などを通じて論理的に考え表現する力を付けさせる指導が求められているということです。つまり、実社会で様々な課題に直面した時に解決していける知能・技能と思考力・判断力・表現力を持っていますかということが全国学力調査が測っている力で、「そういう力を伸ばす授業を行って下さい」というのが、この調査に込められているメッセージだということです。

私は、こういった思考力・判断力・表現力を持つことが、今の社会の中では強く求められていると思っています。思い起こせば、私が大学に在学していた１９９０年代半ばは、ようやくＰＨＳが流行り始めた頃で、まだインターネットを日常的に使える環境はありませんでした。何かを調べる時には、人に聞いたり図書館に行ったりしていました。その頃には、「物知り」であることが、まだかなりの価値を持っていたように思います。今の子どもたちはそうではありません。難解な英単語の意味も、歴史の年号も、世界情勢も、歩きながらスマートフォンで調べることができてしまう時代です。今後はもっとそうなります。であれば、これからの子どもたちは、知識をつなぎ併せ、自分なりに使っていける力がなければ、人から頼りにされたり、仕事を得たりすることが難しい時代を生きるということだと思います。

そうであればこそ、私は、全国学力調査には意味があると思います。もちろん、あらゆる調査と同様、この調査で子どもの力を測りきれるわけではないですが、少なくともこの調査で測っている力は、これからを生きる子どもたちになくてはならないものですし、その結果を重要な「目安」として注視していくことは大切だと考えています。

もう一つの課題

さて、学力・体力の向上に加え、大分県のもう一つの大きな課題は、学校の組織力が十分でないということでした。この課題について検討するために、24年4月に大分県で立ち上げられた「学校の組織的課題解決力向上検討会議」が、半年後の9月に出した「学校の組織的課題解決力向上について（提言）」（以下、「提言」）では、学校が立てている目標について次のような指摘がされています。

【学校の教育目標等】

・校長が示す教育目標が抽象的であれば、教職員の目標も抽象的になり、共通認識に立てないし、結果の検証も難しい。

・学校内では「学力調査において、正答率80％以上の児童を8割以上」等の数値目標はある。しかしそのような目標をホームページ等で公表はしていない。

・「数値目標を掲げるので保護者も応援してほしい」と言われた方が、PTAとしても協力しやすい。

学校では、学校の大きな方向性を示す教育目標や、その年度に重点的に取り組む重点目標、学校経営方針などを作っていることが一般的です。ただ、その重点目標が総花的だったり、抽象的な状況だったりする状況が見られました。

例えば、ある小学校が24年度に示していた「学校経営の具体的方針」は、次ページの通りでした。書いてあること自体に間違いはないのでしょうが、これでは、教職員にも保護者にも、この学校が何を課題と捉えていて何に重点的に取り組みたいかが分かりません。学校は、知・徳・体の育成、いじめ・不登校対応、家庭や地域との連携など様々なことを行っています。だからといって、その全てを重点方針に書き込んでも、それは要は「学校を運営します」と宣言しているだけで、「今のこの学校の一番の課題はこれなので、この点を特に意識して全員で取り組みましょう」ということにはならないのです。

また、この方針の中には、数値で表される目標がありません。教育の全てを数値で表すことはできませんが、全国学力調査や全国体力調査の結果といった数値で表されるものについては目標値を立てない

具　体　的　方　針

《 基 本 方 針 》

- ○ 人間尊重と平和社会実現の願いを基本にし、「一人ひとりを大切にする教育」を通して「創造性や公共の精神に富み、心豊かでたくましい児童の育成」「自立して社会の一員として生きる基盤の育成」を目指す。
- ○ 地域の特性を生かした特色ある教育課程の編成とふれあい感みなぎる教育活動を展開し、児童の個性の伸張、基礎基本の学力の定着を図るとともに、豊かな人間性に基づく「生きる力」の育成に努める。
- ○ 生涯学習という理念の下、国際化、情報化、少子・高齢化社会の到来や、男女共同参画社会実現への取組等の、社会の変化に対応できる教育の創造を目指す。
- ○ 知・徳・体のバランスのとれた子どもの育成を目指し、学校、家庭、地域の三者が一体となり、連携・協働して子どもを育てる「協育」を進める。

○憲法
・教育基本法
○学習指導要領
○県・市
学校教育指針

［ 3つの実践 ］
☆ あいさつ、返事
あとしまつ
☆ ふれあい対話
(聴き合う・傾聴)
☆ 清掃活動

○児童、地域の実態
○保護者や
地域の願い
○教師の願い

《 学 校 教 育 目 標 》

自ら進んで学び、心豊かで、最後までやりぬく児童の育成

【教　師　像】
◇子どもとともに
学び・行動する教師
◇研修に励み、指導力の
向上に努める教師
◇保護者・地域と共に連
携・協働する教師

《 め ざ す 児 童 像》

◎ 自ら考え、共に学び合う子ども	◎ 思いやりのある優しい子ども	◎ ねばり強くやりぬく子ども
知	徳	精神力　体力

【学　校　像】
◇自己肯定感をもてる
落ち着いた楽しい学校
◇環境の整った
うるおいのある美しい学校
◇地域に根ざし
地域に開かれた学校

《 学 年 教 育 目 標 》

学年	自ら学び　学び合う子ども	思いやりのある　優しい子ども	ねばり強く　やりぬく子
1年	よく見て聴いて、よく話す子	友だちに声をかける子	最後までがんばる子
2年	一人ひとりがかがやこうとする子	友だちのかがやきをみつけようとする子	みんなで一番星になろうとする子
3年	自分の考えと友だちの考えを比べ、話し合える子	友だちとのつながりを大切にし、支え合う子	最後まで根気よくがんばる子
4年	よく見、よく聴き、考えを出し合う子	相手の気持ちを考え、行動することのできる子	目標に向かって、ねばり強く努力する子
5年	自分で考え、正しく学ぶ子	友だちとすすんでかかわり、つながりをもつ子	あきらめず、最後までやりぬく子
6年	対話し、学ぶ子	つながる子	共に挑む子
ひまわり	チャレンジする子	なかよくする子	元気な子
たんぽぽ	集中して学習する子	友だちとなかよくする子	自分の仕事を最後までする子
ことば	学びを楽しむ子	ふれあいを楽しむ子	話の聞き合いや読書を楽しむ子

◎「内・外」、ともに開かれた学校経営の推進を図る。
◎地域の特色を生かした教育の創造を図る。

［　教育目標具現化のための具体的な取組　］

自ら考え、進んで学ぶ子ども

Ⅰ、基礎学力の定着・向上
□レディネス評価に基づく授業改善
□少人数・TT指導の工夫・改善
□言語・計算の反復学習の徹底
□豊田タイムの継続（内容工夫・改善）

Ⅱ、学び合い、わかる楽しさの味わえる授業づくり
□学び合いの授業づくり
□一人一公開授業による授業改善
□技能習得のための活動や場の保障

Ⅲ、地域素材・人材を活用した体験学習、探求的な学習（生活科・総合的な学習の時間）
□年間計画の工夫・充実（学年テーマ）
□地域・家庭の教育力の積極的活用

Ⅳ、基本的学習態度・習慣の確立
□『聴く・話す・読む・書く』力と態度の育成（短作文、スピーチの実践）
□家庭学習の工夫と定着・習慣化
□学習意欲高揚・学習規律・準備等の徹底（チャイム、ノート指導、学習用具、姿勢等）

Ⅴ、情報教育の推進
□情報モラルの指導
□ICT機材・教材ソフト、インターネット等の教科学習への積極的活用

Ⅵ、家庭・地域との連携・活用の取組
□地域の教育力の積極的活用（ゲストティーチャー等）
□家庭との連携強化(家庭学習のしおり・家庭生活のしおり・家庭訪問)
□関係機関・組織との連携

思いやりのある優しい子ども

Ⅰ、地域の人や自然、生き物とのふれあい活動
□学校園・花壇等での栽培や小動物の飼育
□学級・学年、全校での〔遊びの時間〕やグループ活動等の場の設定・工夫
□地域の高齢者を含む様々な人とのふれあい（生活科・総合的な学習等での交流）
□全校縦割り班清掃や異年齢間の交流活動の場・時間設定（学校行事・遊び等）

Ⅱ、読書指導の充実
□読書タイムの設定による全校朝読書、及び読み聞かせの定着・継続、内容改善
□学校図書館、移動図書館の有効活用と読書指導の充実

Ⅲ、道徳の時間の指導の充実
□弱い立場、配慮を要する子を中心にすえた人権学習（自己肯定感の育成、友達のよさ発見、互いを認め合う人間関係づくり）
□「しずく」「心のノート」の活用

Ⅳ、学級活動、集会活動、学校・学年行事を通しての心育て
□学活、休み時間の工夫、集会行事等の取組

Ⅴ、優れた芸術や伝統文化、主体的表現活動の取組を通しての心育て
□演劇・音楽鑑賞等
□中津市教育文化祭への積極的参加

Ⅵ、自他を大切にする、基本的生活習慣づくり
□「聴く・話す」態度の育成・定着
□あいさつ・返事・あとしまつの徹底

ねばり強くやりぬく子ども

Ⅰ、「見守り、認め・ほめ・励ます」温かさと厳しさのある取組
□係り・委員会活動の取組
□学校園・花壇での栽培、及び継続観察の取組

Ⅱ、目標を持った当番・係り活動、清掃活動等の取組
□委員会活動、係り・当番活動の工夫・徹底、支援・称賛・意欲付け
□異年齢構成による縦割り班掃除指導の改善・充実
□トイレ掃除に学ぶ活動

Ⅲ、興味・意欲・関心を大切にした特別活動の実施
□楽しい学級づくりと学級活動の工夫・改善（内容、分担等）
□委員会活動、クラブ活動の取組
□創意ある各種集会行事等の取組

Ⅳ、健康な体づくりの活動
□体力アップの取組の推進・充実
□運動会、時間走・寒稽古等の取組
□「食育」教育の充実（食に関する授業、早寝・早起き・朝ごはん）

Ⅴ、集団宿泊的行事等の体験学習の積極的取組
□宿泊学習等（香々地合宿、久住登山・教育合宿）における体験学習と体力づくり

その他の取組

Ⅰ、体力向上、食育の推進
□計画に基づく継続的実践
□保護者意識の啓発・連携

Ⅱ、青少年赤十字活動
□国際理解に関すること
□ボランティア活動

Ⅲ、福祉教育の充実
□体験学習、交流学習の推進

Ⅳ、環境教育の取組
□日常実践、体験学習の推進

Ⅴ、健康教育の取組
□保健計画に則った推進

Ⅵ、組織的生徒指導確立
□生徒指導、教育相談委員会による組織的取組

Ⅴ、開かれた学校づくりの取組
□地域人材活用、ボランティア団体等と連携した取組
□地域・家庭への情報発信「学校便り」「かわら版」「ホームページ」

Ⅵ、組織的評価実施・活用
□学校評価の工夫・改善、実施・活用
□学校関係者評価委員会、学校評価委員会の活用

Ⅶ、安全・安心で美しい学校環境づくり
□安全教育・体制構築の推進
□施設・設備の改善

『 研 究 主 題 』

「　自ら考え、ともに学び合う子どもの育成　」
～聴き合い、学び合う授業の創造～

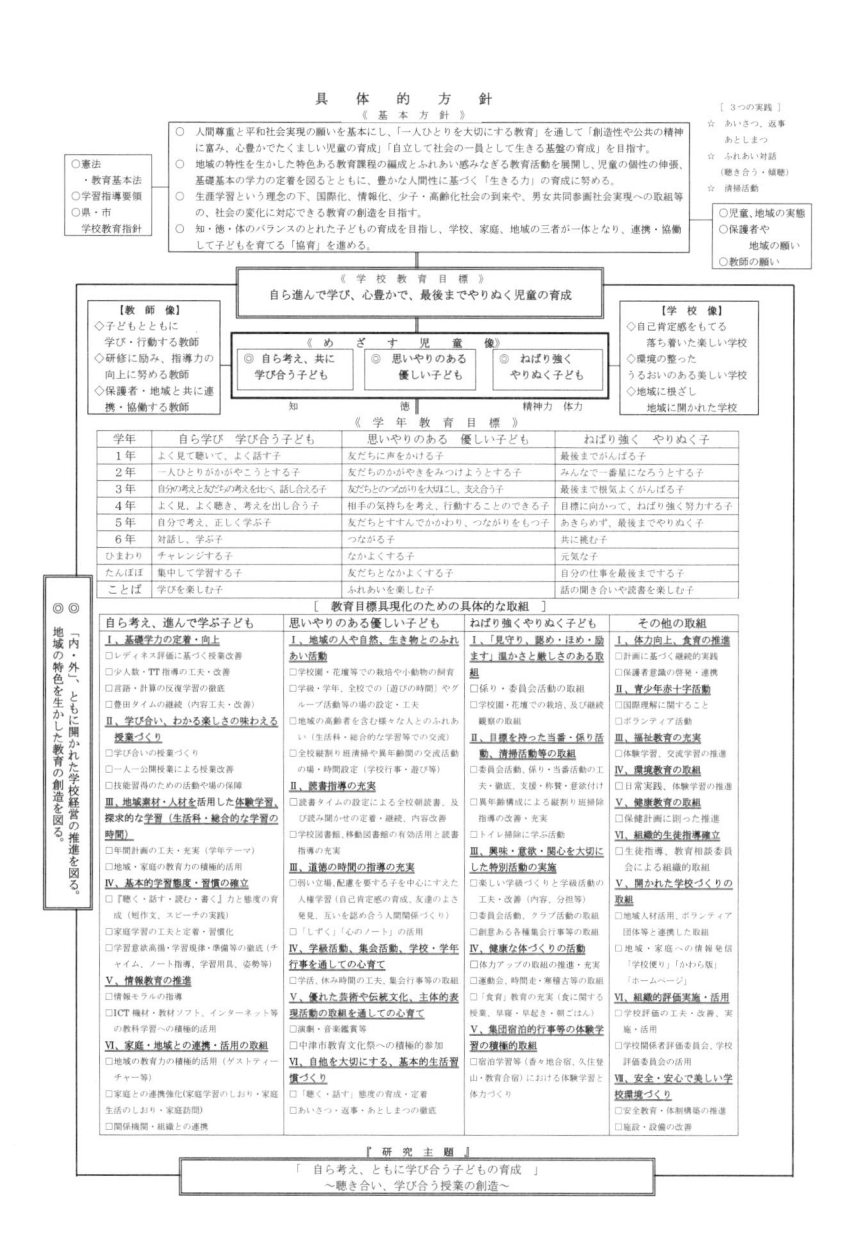

と、「達成するぞ」という教職員間の共通意識が生まれにくく、また、達成状況を検証し改善していくＰＤＣＡサイクル（PLAN→DO→CHECK→ACTION）が十分機能しません。教職員のベクトルを揃え、目標達成に向けたＰＤＣＡを回し、また家族・地域に学校のことを分かってもらう上で、各学校が目標を絞り具体化することが、大きな課題でした。

　こういった目標の明確化と並んで、提言の中で指摘されたもう一つの大きな柱は、主任制度や職員会議のことでした。提言の中では、以下のように指摘されています。

【主任制度】

・校長や教頭だけで学校の隅々までに目を配るのは不可能だ。主任制度が機能しなければ校長はリーダーシップを発揮しようがない。

・管理職と主任、教職員との「報告―連絡―相談」体制が十分とは言えない。そのため、教職員の孤立化を生みやすく組織的な対応が後手に回ることもある。

・主任がいても、教職員が直接校長に相談する体質がある。そのため、教職員全体に情報が共有されていない。

【職員会議】

・校長の提案でも、職員会議で通らないことがあると聞いた。

・分掌会議を行わず、職員会議の議題も事前に知らされていなかったので、同じ分掌の職員でも初めて聞くことが職員会議に提案されることがあった。そのため、時間をかけて議論したが結局決まらない等無駄が多かった。

校長、教頭の下で、仕事をとりまとめるはずの主任の教員が、とりまとめる職務を十分果たしていないので、校長がリーダーシップを取れず、校長と教員の間の意思疎通もうまくいかない。職員会議も、情報を整理せず議論ばかり行うのでなかなか物事が決まらないという指摘です。

主任制度

学校の組織の基本的な形は、校長・教頭という管理職と、その他の教職員というわゆる「なべぶた組織」となっています。

ただ、それでは学校全体のまとまりや機動性に欠けるといった認識が、全国的に強くなり、教員の中から、仕事をとりまとめる主任を任命する県が増えていきました。そういった蓄積の上に、昭和50（１９７５）年に省令改正が行われ、全国全ての学校に教務主任、学年主任、生徒指導主事などの主任を置くこととなりました。これを主任の制度化と言います。

近年では、平成20（２００８）年に、主幹教諭、指導教諭という新しいポストも置くことができるようになりました。不登校、外国人児童生徒への対応、特別支援教育など学校の課題が多様化・複雑化する中、学校がより組織力を高めて対応しな

なべぶた組織

ければいけないという認識からです。

当然、こういった主任、主幹教諭、指導教諭といった責務を担う教員には、他の教員以上の処遇がされています。形としては、民間企業で、課長の下に室長や係長がいて、仕事を取りまとめる責任が与えられ、それに応じて処遇が高くなっているようなものかと思います。

大分県では、40年前に制度化され、全国的には当たり前とされるこの主任制度が定着していないというのが、提言の指摘でした。主任が、取りまとめの役割を十分果たしていないため、校長が何かをしようにも、教職員一人一人に説明しなければならず、学校が一つにまとまりにくいということです。

大分県で主任制度が定着してこなかった背景の一つには、大分県教職員組合が、主任制度の定着に反対し続けてきたことがあります。例えば、26年度の大分県教職員組合の運動方針には、「各支部・分会は徹底的な職場学習会と点検・討論を行ない、職場を原点とした主任体制阻止の闘いを強化します。」と書かれていました。

提言では、以上の問題意識から、学校の目標を明確化することや主任制度を機能させることを柱に、9つの提言が行われました。

主幹教諭等を置いた場合の組織運営のイメージ（中学校の例）[4]

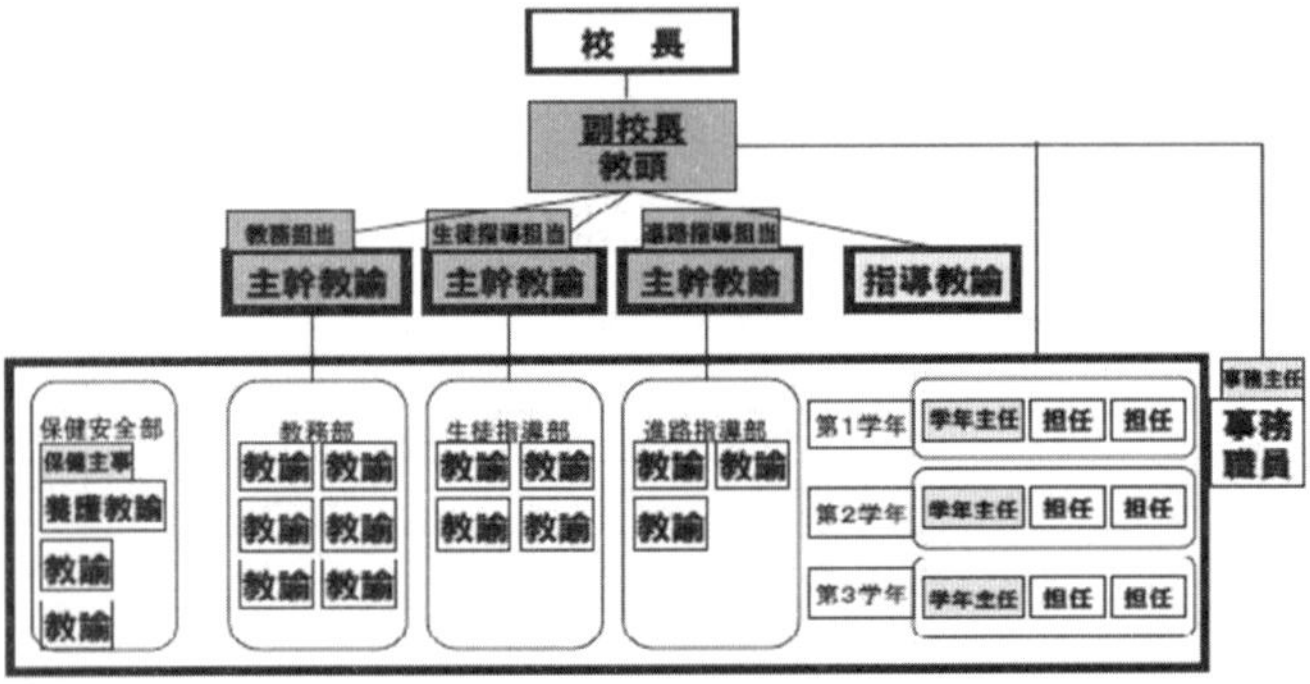

そもそも論

そもそも、学校において、目標を明確化したり、主任制度を機能させることがどうして重要なのでしょうか。このそもそも論をどうすれば分かりやすく話せるか色々悩んだ末、この2年間、次の問いかけから始まる話をしてきました。

> 「みなさんが中学校の先生で、今度新しい学校に赴任したと考えてください。赴任した早々、校長から野球部の顧問になるよう言われました。それで、野球部の練習を見に行ったところ、どうも活発ではないなという印象を持ちました。練習には来てるし、野球自体は好きなようだけれど、あまり覇気がなく、なかなか試合でも勝てない状況です。あなたは顧問として、せっかく野球が好きな子たちなんだから、この部活をもっと強くしてあげたい、子どもたちを輝かせてあげたい、そう思いました。さて、何をしますか。」

頂いた回答の中には、例えば、「スパルタで徹底的にしごく」といった過激なご意見もありましたが、必ず出た回答は、次の2つでした。

① 子ども達に、例えば「次の大会でベスト4まで勝ち残る」といった目標を持たせる。
② キャプテンに責任を持たせて、部をまとめさせる。

「キャプテンに責任を」ということについては、例えば3年生からキャプテンを、1年生、2年生からサブキャプテンを出して、話し合いをさせながら部をまとめさせるといったアイディアも頂きました。

これまで講演などで、10回近くこの問いかけをしてきましたが、必ずこの2つの回答が出てきたということは、何かを組織で達成していくためには、具体的な目標を立てること、また、組織を引っ張るリーダーが必要であることを、誰もが経験的に理解しているということだと思います。

私は、学校も全く同じだと考えています。校長や教頭が部活動顧問に、主だった主任がキャプテンやサブキャプテンに当たると思います。校長・教頭が、学校としての具体的な目標を明確に示す、そしてミドルリーダーである主任が責任を持ってまとめていく、それにより学校に勢いが生まれ教員集団も子どもたちの活動も活発になっていきます。そう考えると、学校の目標が抽象的で、主任制度が機能していないという提言の指摘は、学校の組織力が十分でないということでしたし、裏を返せば、そこに「伸びしろ」があるということを意味していました。

提言への不満

ただ、私は、提言に対して1つ不満がありました。それは、目標や主任制度といった学校の管理や運営に記述が偏っていて、子どもの姿が見えてこないという点です。言い方を変えれば、大分県の2つの大きな課題のうち、学校の組織力についての課題に主眼が置かれていて、もう1つの課題である学力・

体力向上への着目が薄いということです。

私にとっては、2つの課題はつながっていました。先ほどの例にもあるように、同じ教員数、同じメンバーであっても、具体的な目標を共有し、組織を引っ張るリーダーがいることで、「より子どもたちのためになる指導をしよう」という学校全体の気運が高まり、それが必ず学力・体力の向上につながるはずだと思っていたのです。提言が狙っていたのも実はそこでしたが、学校の組織力向上は、子どもの力の向上のためのものであることが、もっと見えないと、教員が前向きに取り組めないのではと思っていました。

考えてみれば、提言の記述が偏っているのは、当たり前のことでした。提言を出した会議の事務局には学力向上を担っている義務教育課なども入っていたものの、その中心は、教職員の人事管理を担っている教育人事課だったからです。そして、考えてみれば、学校運営面と、学力・体力向上といった教育指導面の両方を取りまとめられるのは、教育委員会の主管課である当課（教育改革・企画課）しかないのではと思い始めました。

提言はあくまで会議からの「提言」に過ぎなかったので、これを受けた県教育委員会としてのプランを策定し、推進する必要がありました。それを当課が中心になって担うべきではと思ったということです。

当課でプランを！

実際に当課で担当しようとした時は、とても悩みました。会議の事務局にそもそも教育改革・企画課は入っておらず、そのための人的配置も行われていない中で果たしてうまくやれるのかというのが、一番の心配でした。40年進んでこなかった中でこれを担当するということは、「間違いなくこれまでで一番忌み嫌われる出向者になるだろうな」とも思いました。それでも、泥にまみれることなく進められる改革はないだろうし、やってみたいと思いました。隣に座っていた参事が「やりましょう」と言ってくれたことも大きな励みになりました。結局、10月のはじめに当時の教育人事課長に、プランの策定・推進を当課で担いたいことを伝えました。さぞかし「本当に大丈夫か？」と思ったでしょうが、それでも了解して頂き本当に感謝しています。

プランができあがったのは11月16日です。約２ヶ月でつくりました。

プラン策定の過程で、気を付けたことがいくつかあります。１つ目は、学校の組織力の向上は、何より子どもの力の向上のためにあるということを前面に押し出すことです。このため、プランの中では、まず、学力・体力向上やいじめ対応を組織的に行う学校の姿を描くことにしました。

２つ目は、教育委員会を挙げて作成するということです。プラン策定の段階からワーキンググループを組み、各課のＮｏ．２に入ってもらって、時には緊迫した議論もしながら作成を進めました。

３つ目は、プラン策定前に、市町村教育委員会に理解を求めることです。このプランは、高校・特別支援学校の改革とともに、或いはそれ以上に、小中学校の学校改革を目指すものでした。小中学校の運営に最も強い責任と権限を持っているのは、市町村教育委員会です。県がどんな提案をしたところで、市町村教育委員会がその気になってくれなければ、改革の成功はおぼつきません。前任者が、県教育委員会の教育委員・課室長と、小中学校の全校長とが意見交換を行う「地域別意見交換会」を立ち上げてくれていて、市町村との距離は少し縮んではいたものの、他方で、県は市町村の意見を聞かずに勝手に方針を決めてしまうという不満の声もかなり耳にしていました。

このため、プラン策定の作業を進めるのと並行して、市町村教育長めぐりをしました。多くの教育長とは夜も含めて膝詰めで話をさせてもらい、可能な限りの理解を頂けるよう努めました。教育委員会内では、「佐野課長はまた飲み歩いてる」と思われたかもしれませんが（笑）、作ろうとしているプランに自信を持つ意味でも、教育長とじっくりお話させてもらう時間が取れたことはとても良かったと思っています。その甲斐もあってか、プラン案を説明した市町村教育長会議では、好意的な空気で受け入れて頂き、本当に嬉しかったのを覚えています。

「芯の通った学校組織」の名称

プランのタイトルは、「目標達成に向けて組織的に取り組む『芯の通った学校組織』推進プラン」としました。

今では、大分県の教職員で知らない人はいないだろう「芯の通った学校組織」という言葉を作ったのは、当課でプラン策定を行う覚悟をした24年10月のことです。当時、この取組を進めるに当たって、関係者がすぐイメージを持てるような言葉を作れないかと考えていました。「学校の組織的課題解決力向上」というのは長すぎましたし、学校マネジメントという言葉も、分かるようで中身がすぐには判然としません。もっと感覚的に分かる言葉を探していました。

そこで思い出したのが、文部科学省の初等中等教育企画課で受け継がれている「筋の通った教育行政」という言葉です。教育には多くの関係者がいて、党派的対立が絡むこともあるけれど、教育行政は、「法令遵守」、「論より証拠」といった「筋」を守らなければならないことを謳っていると私は理解しています。今回進めたい学校改革の方向性と、どことなく重なるところがありました。ただ、組織を表現するのに「筋の通った」もないだろうと思い課内で議論する中で、「芯の通った」でいこうということになりました。「芯」には、学校を貫く目標という意味での「芯」と、校長－主任－教職員という組織体制という意味での「芯」の、2つの「芯」をかけています。当時は賛否両論意見を頂き、また、誰かが口にする度に内心何となく気恥ずかしい思いをしていましたが、浸透した今となっては、素直に良かったなと思っています。

学校改革：「目標達成に向けて組織的に取り組む『芯の通った学校組織』」の構築

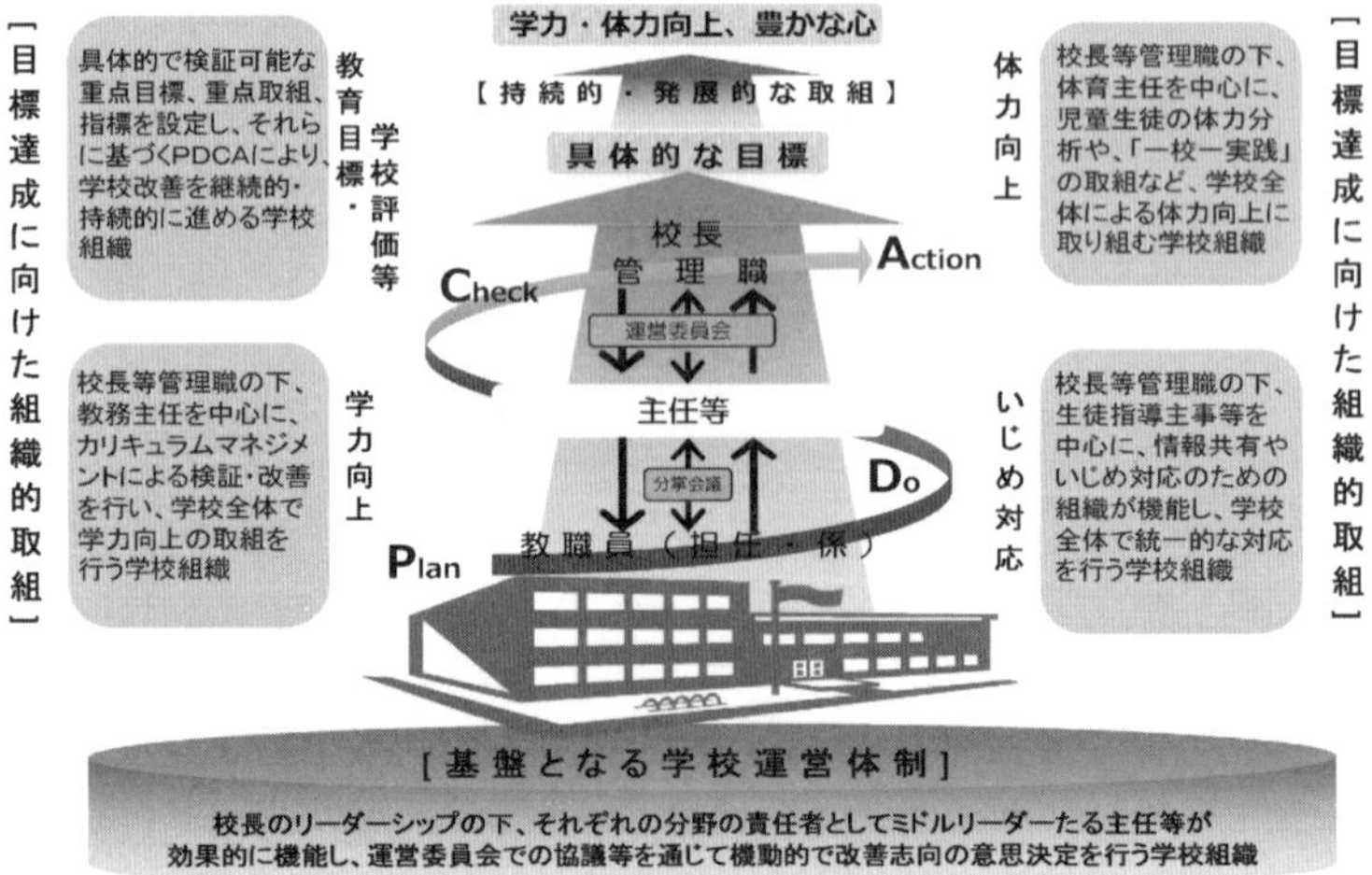

プランの概要

さて、プランには、提言を踏まえた取組を載せ、それらを24年度から26年度までの3年間（三フェーズ）で実現していくとしました。掲載した取組はかなりのボリュームがありましたが、その柱はあくまで2つで、1つが「目標達成に向けた組織的な取組」、もう1つが「基盤となる学校運営体制」です。「目標達成に向けた組織的な取組」は、目標を明確にしてＰＤＣＡを回し改善していこうということ、「基盤となる学校運営体制」は主任制度を機能させようということが主な内容です。先の部活動の例にあったように、組織力を高めるポイントは、目標の具体化と、目標達成の要となるリーダーが機能することの2つだというシンプルな考えに基づいています。

それぞれの柱に関する代表的な取組を並べると、次の通りです。

「目標達成に向けた組織的な取組」
①学校評価の手引きの改訂と推進
②教職員評価システム実施手引きの改訂と推進
「基盤となる学校運営体制」
③主要主任の事前承認制の導入
④全学校への運営委員会の設置
⑤法令に則った職員会議の役割の明確化

①は、学校の目標を絞ることや、数値的な指標を設けることを促すもので、②は、その目標が学校の全教職員で共有されるよう、各々の「自己申告シート」に学校の目標と自分の目標を関連付けて書くことなどを求めるものです。

③は、力がある教員が主要な主任に任命されるよう、任命の際には、校長に加えて市町村教育委員会も承認という形で関わるよう求めるもので、④⑤は、校長・教頭と主要な主任で構成される運営委員会を、全教職員が「平等に」参加する職員会議と別に設け、運営委員会をもって学校の中枢とするものです。

いずれも、目標の具体化と、目標達成を推進するリーダーの位置付けや責任をはっきりさせることを目的にした取組です。

学校評価の4点セット

実は、③の主要主任の事前承認制や、④の全学校への運営委員会の設置は、大分県の専売特許ではありません。広島県などで、学校の組織力向上のために取り組まれてきたもので、大分県ではむしろこういったことの導入が遅すぎたということだと思います。

他方、「学校評価の手引き」で提案し、全県で取り組まれつつある学校評価の「4点セット」は、全国でも先進的な取組の一つではないかと考えているので、少し詳し目に紹介させてください。

「4点セット」とは、次の4つを指しています。

① 重点目標（学校が重点と考えるその年度の目標）
② 達成指標（重点目標の達成度合いを把握する指標）
③ 重点的取組（重点目標達成のために行う具体的な取組内容）
④ 取組指標（重点的取組を誰がどれくらいの頻度で行うかを設定する指標）

例えば、ある小学校の4点セットは、下のようになっています。

4点セットで目指した第一のポイントは、目標の絞り込みです。このため、重点目標は多くても3つ程度とするようお願いしました。これにより、総花的になりがちだった学校の目標が、概ね3つに絞り込まれました。また、PDCAがしっかり回るようにというのも強く意識した点です。このため、②の達成指標と④の取組指

重点目標	達成指標	重点的取組	取組指標
すすんで学習（基礎基本の習得）	○ ミニマムラーニング（本校作成）の達成率をすべての学年でクリアする	○ 自分で考えて学習ができるように、1時間完結型授業を徹底する。	○ 見通しを持って1時間の学習ができるように、授業の流れ（個人・ペア・グループ・全体）を日常的に提示する。（国語、算数）
	○ 町確認テスト・町・県・国学力調査で、町の平均をすべての学年で上まわる	○ スキルタイムと補充タイムを設定し、全職員で基礎基本の定着を図る。	○ ・ あじさいタイム12分に全職員で取組む。 月・水⇒算数　金⇒国語 ・月曜日6限を補充タイムとして全職員で取組む。 2･3･4年⇒寺子屋学習（地域の協力） 5・6年⇒補充学習（職員で分担）
		○ 家庭学習の時間の使い方と内容の充実を図る。	○ 毎月第2週に「宿題するときNOテレビ」調査を実施し、保護者に結果報告と啓発を実施する。
すすんであいさつ	○ 児童・保護者アンケートならびに学校評価において、「すすんであいさつができる」評価の達成率を90％以上にする。	○ あいさつ運動に取組む。	○ 登校の様子調査を兼ねて、毎月1回職員によるあいさつ運動（志津里橋の横断歩道・錨田の横断歩道）を行う。
		○ あいさつパワーアップ名人を育てる。 パワーアップ名人 （4つの視点） ・声の大きさ ・すすんであいさつ ・目を見て ・立ち止まって丁寧に	○ 毎週水曜日の一斉下校で「あいさつパワーアップ名人」を紹介する（全職員で関われるように、あいさつ名人表のところに付箋を準備）。 ＊気持の良い言葉【ありがとうございます・お願いします等】のあいさつも増やしていく
すすんで体力づくり	○ 歩いて登下校のきまりを守る子どもを90％以上にする。	○ 家庭と連携して体づくりの基礎となる生活習慣、 「歩いて登校」 「早寝早起き朝ごはん」 の確立に取組む。	○ 毎月の20日前後に1週間， ・「歩いて登校調べ」 ・「早寝早起き朝ごはん調べ」 を行い，結果を保護者に公開する。年1回児童に健康相談（まいタイム）を行い、個別に指導する。
	○ 体力テストの項目「全身持久力（シャトルラン）」において，全国平均以上の児童を70％以上にする	○ 学校全体で「パワーアップ八幡っ子（一校一実践）」に取組む。	○ 年2回「全身持久力（シャトルラン）」の計測を行う。（1回目：5月末　2回目：12月初め）毎日昼休みに3分間グランドを走る時間を設定し，全児童に取組ませる。
		○ 天気の良い日はすすんで外遊びをするよう指導する。	○ 天気の良い日はすすんで外遊びをするように、月1回は学級や児童会で取組む。

標は、客観的に検証ができるよう数値で設定することを求めました。

また、4点セットのいいところは、達成指標と取組指標を別々に書くようにしているところです。これまでの学校評価では、例えば、教員の取組内容を書く欄に、「下位層の生徒の割合を半減させる」などと書いていました。実際には、下位層の生徒の半減は、目指す姿であって、教員が行う取組内容ではありません。教員の取組内容であれば、例えば、「放課後、下位層の生徒向けの補習を毎週3回行う」などといったものとなるはずです。目指す生徒の姿は「達成指標」の欄に、教員の取組は「取組指標」の欄に書く工夫を行ったことで、随分行うべきことが見えるようになったのではと思います。

さらに、取組指標に書いてあることは、年度の中でどんどん変えていって下さいとお願いしています。まずやってみること、その上で取組を継続的に改善していくことが大事だと思ったからです。取り組むことが取組指標により明確になっているので、こういう短期の取組の改善も行いやすくなったのではと思っています。

4点セットは、学校・家庭・地域で共有して下さいとお願いしています。ぜひ大分県の保護者や地域の方々は、学校に聞いてみて下さい。

運営委員会

運営委員会の設置も、大分県では画期的な出来事だったと思います。それまで、学校の意思決定は全ての教職員が「平等に」参加する職員会議で行うべきだという考えが根強く残っていました。そういった全員参加型の意思決定の仕組みでは、責任と権限の所在が曖昧になり、議論は活発化しても学校を改善するための判断を積み重ねにくく、少数の教職員の反対の結果、前例踏襲的な学校運営に終始することになりかねない状況がありました。

それでは、校長がひたすら指示を出せばいいかと言うと、そういった強いトップダウン型の組織では、教職員の学校運営に参画する意欲が欠けてしまいます。また、一人の校長だけで、時には数十人いる教職員一人一人に、的確な指示を出し続けることはできません。

そういったことを踏まえ、全ての学校に置くこととしたのが運営委員会です。運営委員会は、校長など管理職と主要な主任等で構成されます。そして、各主任等が、それぞれが担当している分掌での協議を踏まえた提案を持ち寄り、校長の指導・助言のもと、学校運営の企画・立案を行います。職員会議での全員参加型の意思決定でも、校長によるトップダウン型の意思決定でもなく、校長のリーダーシップのもと主任等が効果的に機能する、いわゆる「ミドル・アップダウン・マネジメント」を実現するため、25年度はじめから運営委員会が全学校に必置となりました。

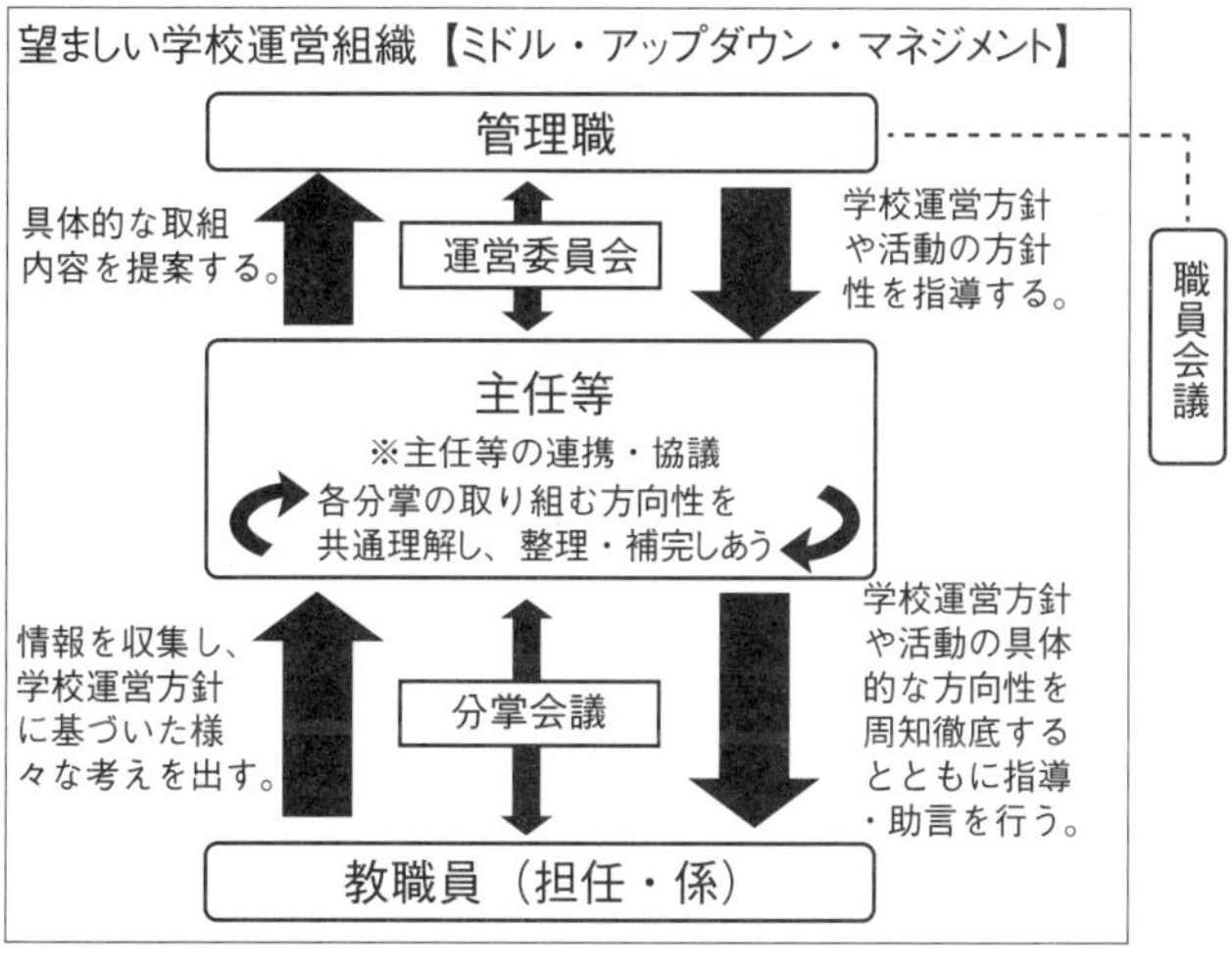

望ましい学校運営組織【ミドル・アップダウン・マネジメント】
管理職
具体的な取組内容を提案する。
運営委員会
学校運営方針や活動の方針性を指導する。
職員会議
主任等
※主任等の連携・協議
各分掌の取り組む方向性を共通理解し、整理・補完しあう
情報を収集し、学校運営方針に基づいた様々な考えを出す。
分掌会議
学校運営方針や活動の具体的な方向性を周知徹底するとともに指導・助言を行う。
教職員（担任・係）

教育事務所の活用

こういった学校評価の4点セット、主任の承認制や運営委員会の設置などの制度化は、24年度中に行いました。プランが24年11月策定でしたので、25年3月までの4ヶ月の間に手引きをつくったり、市町村教育委員会に規則改正をお願いしたりするという急ピッチな作業でした。拙速すぎるのではという意見もかなり頂きましたが、スピードが勢いをつくると考え、無理なお願いもさせてもらいました。学校評価の手引きも職員が正月返上で作ってくれました。

制度化が進む中で一番気になっていたのが、プランやプランに基づく制度をどう学校現場に浸透させていくかです。必ず子どもの力の向上につながる施策だし、やり始めれば、教員の理解も得られるのではと思っていましたが、まずは取り組んでみてもらわなければ、絵に描いた餅にすぎません。

考えていたのは、教育事務所の活用でした。

多くの都道府県には、県の出先機関として教育事務所が置かれています。本庁から遠い市町村とも、十分連携を取ることが目的です。大分県の場合、全部で6つの教育事務所が置かれていて、それぞれの事務所に、所長、次長以下、3名程度の指導主事と同じく3名程度の事務職員の計10名ほどの職員が置かれています。

24年当時、教育事務所は難しい立場に置かれていました。一昔前は、各事務所にかなりの数の職員が置かれ、力を持っていたのですが、行政改革の中で人数が削られ、そもそも6つ必要なのかという議論もくすぶっていました。立ち位置が曖昧な中で、十分力を発揮し切れないという状況でした。

私は一つ思っていることがありました。それは、物事を変える際には、Face to Faceが必要だということです。県教委が、汗をかいて市町村教委や学校現場と対話しようとすることなしに、何を目指そうとしているかは伝わらないだろうと考えていました。その気持ちは、市町村教育長や校長と話をさせてもらう中で、さらに強くなっていきました。

野中県教育長が、就任当初から「現場に思いを」ということを述べられています。現場に思いを「寄せる」ということとともに、施策に込めた本当の思いを、現場に正確にそして時には迫力を持って「伝える」ことが必要という趣旨だと説明されています。「芯の通った学校組織」の取組を学校現場に浸透させるためには、教育事務所がこの取組を伝える役割を中心的に担うことが必要だと思いました。そして、そのためには各教育事務所にどう動いてほしいかを明確にしておくことが必要だと考えました。そのため、推進プランの中で、各教育事務所が、市町村教育委員会と連携しながら、少なくとも年間3回全ての小中学校を訪問し、学校マネジメント・カリキュラムマネジメントの観点から指導・支援を行うとしました。

教育事務所の管轄区域

それまで、教育事務所を含め県教育委員会が小中学校に計画的に訪問することは、あまりありません

でした。大分県では、県が、市町村の管理下にある小中学校を直接訪問しての指導はしにくい状況にあったようです。一方、秋田県をはじめ多くの教育先進県では、県が市町村としっかり連携し、直接学校に訪問をして学校づくりや授業づくりを進めていることを知っていました。このため、大分県でも、県が小中学校での学校運営や授業改善に責任を持って関わり、県全体で教育レベルを高める文化を作ることが必要だと考えていました。

教育人事課長（当時）にも同じ思いがあり、25年度から、全教育事務所に一人ずつ指導主事を増員し、「学校改革担当指導主事」という肩書きのもと、「芯の通った学校組織」の構築に専念してもらうことになりました。

本庁では、教育長の元、7課1室、教育事務所長、教育センター所長で構成される「目標達成に向けて組織的に取り組む『芯の通った学校組織』」推進会議を立ち上げ、各教育事務所では所長、次長、管理主事、学校改革担当指導主事という充実した体制のもと、県教育委員会の中心施策として「芯の通った学校組織」の構築を進めることになりました。

実行初年度の開始（第2フェーズ）

25年4月、各学校で「芯の通った学校組織」に実際に取り組んでもらう実行初年度が始まりました。まず4月1日に、「20の観点」を全学校に通知しました。「目標達成に向けて組織的に取り組んでほしい」と言うだけでは、各学校は何にどう取り組めばいいか分かりません。そこで取組のエッセンスを20にま

「芯の通った学校組織」の構築に係る20の観点

子どもたちの学力・体力の向上を図るとともに、いじめ等の諸課題に迅速・適切に対応するためには、各学校が、具体的な目標を設定し、学校全体で組織的に取り組むことが必要です。県教育委員会においては、このような「芯の通った学校組織」の構築を、以下の20の観点を中心に指導・支援していきます。

		観　点
学校の教育目標の具体化	1	学校の重点目標が3～4つ程度に具体化され、その達成状況を図るための検証可能な達成指標が設定されている。
	2	重点目標を達成するための取組を、重点的取組及び取組指標により具体的に設定している。
	3	重点目標達成に向けたPDCAサイクルが、年3回以上の短期で行われるよう計画され、検証・改善が行われている。
	4	重点目標達成に向けた学校評価を行う体制が、主幹教諭、指導教諭、教務主任等のミドルリーダーを活用した体制となっている。
	5	保護者、地域住民の協力を得られるよう、4点セット（重点目標、達成指標、重点的取組、取組指標）が学校便りやホームページ等で公表され、また、PTAや地域住民との意見交換会などで活用されている。
	6	教職員評価システムに基づき、各教職員の目標が、学校の重点目標と連動した形で設定されている。
	7	教職員評価システムに基づく各教職員の目標を決める際、その目標に関係する主任等が目標設定に関わっている。
目標達成に向けた組織的な学力・体力向上	8	全国学力・学習状況調査や大分県学力定着状況調査の結果等を活用して、課題を把握し、具体的な目標・取組の下、短期の検証・改善により授業改善等の学力向上の取組を進めている。
	9	管理職の下、主幹教諭や指導教諭、教務主任を中心に、教育課程の編成や学力向上会議の開催が行われ、学校全体で学力向上を進めている。
	10	校内研修及び校内研究が、管理職や主幹教諭、指導教諭の下での教務主任と研究主任の適切な役割分担により、学校の重点目標や課題と結びついて計画的に行われている。
	11	司書教諭等を中心とした組織的な指導体制の下で、学校図書館を活用した取組が行われている。
	12	全国体力調査の結果等を活用して、課題を把握し、具体的な目標・取組の下、短期の検証・改善により授業改善等の体力向上の取組を進めている。
	13	管理職や主幹教諭、教務主任による指導とサポートの下、体育主任が中心となって学校全体で「一校一実践」が行われている。
基盤となる学校運営体制	14	市町村学校管理規則に基づき、主要主任等が市町村教育委員会の承認のうえ、適切に任命されている。
	15	管理職や主幹教諭の下、主要主任等が各分掌の責任者としてリーダーシップを発揮し、校長の学校運営方針等を他の教職員に周知し、指導・助言を行うとともに、教職員の考えを集約して管理職に伝えている。
	16	主任制度及び主任手当の趣旨が全ての教職員に徹底されている。
	17	市町村学校管理規則に基づき、運営委員会が設置されている。また、学校運営組織図は、主幹教諭や指導教諭、主要主任等が中心となっており、分掌主任等の氏名が明示されている。
	18	運営委員会が定期的に開催され、主要主任等の間の連携・協議を通じて、校長の意思決定を補佐するものになっている。
	19	職員会議の場があたかも意思決定を行う場のようなものとなっていない。
	20	管理職の下、衛生委員会等の活動を中心に、教職員の健康管理の充実に組織的に対応している。

とめ、県教委、市町村教委、各学校がこの取組の趣旨を共有できるようにしました。

また、いい取組となるためには、市町村や学校が取組の内容をどう受け止めているかを随時キャッチして、取組内容や取組の伝え方を改善していくことが必要です。このため、毎月のはじめに、県教委の関係課と6教育事務所、教育センターで集まり、学校の様子や学校への指導・支援の方向性について情報共有することとしました。

25年4月に開催したこの会議の第一回目の時の様子をよく覚えています。果たしてうまくいくのかと、私を含め緊張しながらのスタートでした。特に、学校改革担当指導主事の多くは3月まで一教員に過ぎなかったのが、突然学校を指導する立場になり、なおさら不安顔だったように思います。

第2フェーズの展開

緊張の中で始まった「実行初年度」でしたが、学校は、想像していたよりずっとこの取組を正面から受け止めてくれました。

一つは、目標の具体化や主任の役割の活性化により組織力を上げることが大切なことは、校長としても薄々思っていたり、すでに取り組んでいたりしていたということがあるかもしれません。「芯の通った学校組織」は、学校現場が課題だなと思っていたことを「見える化」し、課題を解決するための方法論を分かりやすい形で示すことができた取組だったように思います。

また、これに県を挙げて取り組むという姿勢を、ぶれずに示し続けたことも重要だったように思います。25年度、26年度の県の重点方針の一番には「芯の通った学校組織」の構築を掲げ続けましたし、当課はもちろん、教育人事課など他の課室も、諸々の資料の中で「芯の通った学校組織」という言葉を使いました。地域別意見交換会のテーマも「芯の通った学校組織」の構築にしました。

想像より早く取組が進む中で、26年1月には、その時点までの成果と課題を明らかにした文書を通知しました。その中では、「形は整ってきたが、質の向上が必要」としましたが、手応えは感じていました。例えば、夏には「『芯の通った学校組織』共有キャラバン」と称して当課＋本庁各課で学校を回り、主任の教員からも率直な感想を聞いていましたが、その中でこんな言葉を聞きました。

・最重点目標達成の取組に、それぞれの主任を中心として取り組んでいこうということができつつある。
・一学期間やってみて、教務主任として学校全体を回すのは大変なんだということを感じた。
・やらされるという意識ではなく、自分たちでやっていこうという意識で取り組めているのではないかなと感じる。

「芯の通った学校組織」に、試行錯誤しながら取り組んでもらえているように思いました。「改革を止めない」を合い言葉にしながら25年度を終え、26年度を迎えました。

26年度（第3フェーズ）

26年度（第3フェーズ）は、「芯の通った学校組織の定着」をテーマとした年です。年度が始まるに当たって、2つ気になっていたことがありました。

1つは、主任手当の拠出の問題です。主任手当の拠出は、教職員組合が進めている主任制反対の運動です。主立った主任には、とりまとめを行う役割への対価として、毎日、主任手当が支給されています。1970年代当時、全国の教職員組合は、主任制は学校に階級闘争を持ち込むものだとして、主任になった教員に対し、もらった主任手当を組合に拠出するよう促していました。その後、主任の役割の必要性が理解されていくにつれ、全国的には拠出はなくなっていきました。ところが、大分県においては、主任制が定着してこず、教職員組合への主任手当の拠出もそのまま残っているという実態がありました。

もう1つ、より気になっていたのは、「芯の通った学校組織」を26年度で終わらせていいかということです。確かに定着は進みつつあるように見えました。ただ、市町村間、学校間では差があり、形は整っているけれど十分意識化はされていないという学校もありました。また、ここで県教委が手を引いたら、一気に退潮してしまうのではないかという声もかなり聞こえていました。

そこで、26年4月の市町村教育長との会議で2つの提案をさせてもらいました。1つは、夏に「芯の通った学校組織」の定着状況を確認する調査を行いたいということです。その調査の中には、過去行われたことのない主任手当の拠出に関する調査も入れたいとお伝えしました。もう1つは、その調査の結果を踏まえて、必要に応じて次の計画を策定したいということです。調査の結果、課題がまだ多いことが分かればこの取組を継続しようと思ったのです。

定着状況調査の結果（成果）

26年度も、各課、教育事務所、教育センターで集まる毎月の会議は継続しました。教育事務所は所長以下事務所全体で足繁く学校を訪問し着実に取組を進めていてくれましたし、教育事務所からの情報や、自分自身で学校訪問をする中で得られた感触から、学校は、かなりこの取組を受け入れてくれているという印象でした。そして、7月から8月にかけて、予定通り「芯の通った学校組織」定着状況調査を行いました。対象は全ての公立小中高校特別支援学校の校長・教務主任・保護者（PTA会長）、それから市町村教育委員会です。かなりボリュームの大きい調査になりましたが、これからの展開を図る上でやり切らなければならないと考え、学校にも新しい参事にも調査の実施・集計をお願いしました。

質問内容は大きく2つで、「取組状況」と「教職員の意識の変化」です。

学校訪問などを通じて、学校が目標を絞ったり具体的なものにしていることやPDCAを回して改善を進めようとしてくれていること、運営委員会が設置されて主任の活躍の場が増えていることはある程度分かっていたので、そういった目に見える「取組状況」については心配していませんでした。

実際、調査結果からは、

・8割の学校が、学校評価の重点目標を3つ以下としていること

・ほとんどの学校で、数値化するなど検証可能な達成指標が設けられていること

・ほとんどの学校で、ＰＤＣＡサイクルを年間3回以上のスパンで行っていること

などが分かり、「目標達成に向けた組織的な取組」が着実に定着しつつあると感じました。

例えば、24年度にかなり総花的な学校経営方針を作っていた23ページの学校では、26年度の学校経営方針を、次のページのようにしています。

このことからも、随分、学校の目標や取組が具体化・焦点化し、ＰＤＣＡを回しやすいものになっていることが分かります。

また、もう1つの柱である「基盤となる学校運営体制」についても、

・ほとんどの学校で、主要な主任等が、学校の運営方針を教職員に周知したり、逆に教職員の考えを集約して管理職に伝えたりしていること

・運営委員会が週1回或いは2週に1回程度開催され、職員会議の開催回数や所要時間が減っていること

も分かりました。

今回の調査で、より気にかかっていたのは、「教職員の意識の変化」の方です。「芯の通った学校組織」が「形」だけのものとならないためには、教職員が、この取組を通じて学校がいい方向に変わりつつあると思っていてくれる必要があります。そういった実感なしには、取組が継続することはないと思いました。そのことを知るために、次のような質問をさせてもらいました。

1つは、主任の教員の意識が、どう変わったかという質問です。この質問には、ほぼ全ての校長から、主任の教員の「学校運営への意識が高まった」「校長の学校運営方針を理解して、他の教職員に周知す

【本校の教育目標】

日本国憲法
教育基本法等関係法規
大分県教育行政基本方針
中津教育事務所指導指針
中津市教育行政基本方針

確かな学力を身につけ、心豊かで、たくましい子どもの育成

児童の願いや実態
保護者・地域の願い
教職員の願い
社会・時代の要請

めざす学校像

〇地域・保護者から信頼される学校
〇知・徳・体をバランスよく育てる学校
〇落ち着いて学習する

めざす児童像

〇基礎学力を身につけ、友だちと学び合う子

〇思いやりがあり優しい子

〇安全意識を持ち、運動を楽しむ子

めざす教職員像

〇組織的・機動的に動く教職員
〇目標に向かってチームで取り組む教職員
〇子どもとともに学び、活動する教職員

重点目標

〇基礎・基本を定着させる

〇よく考え、友だちを思いやる心を育てる

〇安全に気をつけ、運動を楽しむ子を育てる

重点目標		達成指標 （重点目標が達成された姿）	重点的取組 （達成に向けての具体的な取組内容）	取組指標 （取組のために教職員で努力する内容・回数等）
学力向上プロジェクト	基礎・基本を定着させる	□「授業がよくわかる」 （アンケート95%以上） （昨年度95%） □12月に実施する中津市学力定着状況調査で、すべての学年で目標値を上回る （昨年度3年、5年）	〔授業改善：授業展開部〕 どの子も根拠（データ、事実）を持って伝えあう授業をめざす	〇つけたい力を指導要領に沿って明確化する 〇課題に対して、児童が根拠をもってペアやグループの中で伝えあう 〇終末に学習した用語を使ってまとめをする
			〔学び直し：確かな学力部〕 スズキ校務ソフトで個人データ管理をし、学び直しを徹底して行う	〇下位層を引き上げ、単元テスト平均で国語80点、算数85点をめざす 〇毎日の豊田タイム、学期ごとの学び直しタイムを工夫し、完全な習得を図る
			〔連携：生活規律部〕 家庭と連携し、学習時間を確保する	〇前学年にさかのぼった内容も含め、毎日宿題プリントを実施する 〇高学年60分、中学年45分、低学年30分の家庭学習を習慣化させる
生活力向上プロジェクト	よく考え、友だちを思いやる心を育てる	□「やさしい言葉遣いをしている」 （アンケート90%以上） （昨年度81%）	〇道徳の時間やソーシャルスキルトレーニングを実施して、相手を思いやる態度を養う	〇心に響く道徳授業を工夫する 〇月に１回、ソーシャルスキルトレーニング教材を扱う
		□無言清掃が定着する （アンケート90%以上） （昨年度85%）	〇無言清掃「①だまって②時間いっぱい③見つけ清掃」を通して、よく考える姿勢を養う	〇清掃時間、必ず教職員が児童と共に無言清掃する
安全・体力向上プロジェクト	安全に気をつけ、運動を楽しむ子を育てる	□交通事故がゼロになる （昨年度３件）	〇掲示や広報を通じ、交通事故ゼロをめざす意識を学校、家庭、地域で共有する ［中津警察署指定：自転車安全利用モデル校］	〇「交通事故ゼロ（　）日　更新中」を全校で確認し合う。 〇ヘルメット着用率60%をめざす。 （昨年度保有率72.9%着用率50.1%）
		□「体育の授業が楽しい」 （アンケート90%以上） （昨年度85%）	〇一校一実践の取組やサーキットトレーニングを体育授業に取り入れる	〇すべての学年で、体育の時間の初めにサーキットトレーニングを行う 〇跳び箱，マット運動，縄跳びの強化月を設定 〇体育専科教員を招き、体育授業力の向上を図る

る意識が高まった」などの声を頂きました。また、教務主任に、「教務主任としての職務にやりがいを感じていますか」と聞いたところ、これもほとんどの教務主任から積極的な回答を頂きました。

もう1つの質問は、「大分の教育は、より良くなってきていると思うか」という校長への質問です。これは賭けでした。確かに、個人的に接する校長先生方は、みなさん、「学校が組織的になりつつある」、「いい方向に向かっている」と言ってくれていました。また、学力も向上しつつありました。一方で、40年間続いてきた学校の組織文化を、県教委主導で大きく変えつつあることに対して、戸惑いや反発もあるのではないか、よくない調査結果になる可能性もあるなと思っていました。ただ、結果がどうであれ、校長先生がどのように感じられているのかを知りたいと考えました。それで、4択の選択肢に加え、その選択の理由を自由記述で書く欄を設けさせてもらいました。

結果としては、予想を大きく超えたいい回答を頂きました。9割を超える校長が、「大分の教育は、より良くなってきていると思う」と回答してくれましたし、自由記述の中では、それぞれの言葉で、どうして大分の教育がより良くなってきていると思うかを教えて頂けました。いくつか紹介させてもらうと、

・教職員の学校運営への関わりが明確化され、一人一人が学校教育の大切な一員としての責任感と自覚が増した。
・教職員個人の力量に頼りがちだった学校運営から、組織として力量アップを目指せるようになった。また、学校課題を明確化できることで、教職員の目指す軸がブレにくくなった。
・組織的な取組により、学力向上・体力向上等の学校教育課題が目に見える形で達成されつつある

> ので、やりがいを感じている。
>
> ・学校が組織的に動くことでばらばらだった教員の意識を校長の経営方針へと導くことができると心から思う。大分の教育の方向性は間違っていないと思う。何より、全職員が自校の課題は何かに真剣に向き合うようになった。

といったものです。こういった、目標達成に向けた組織的な学校運営により、教職員の意識改革や学校改善が図られているという趣旨の回答が、全体の約半分を占めました。そこから、「芯の通った学校組織」、ひいては大分の教育改革がいい方向に進みつつあることを実感しました。

また、同じ質問を保護者にも聞いており、8割の保護者の方々から、「大分の教育は、より良くなってきていると思う」という回答を頂き、その主な理由として、学力・体力の向上の他「以前に比べて、学校全体が協力して取り組んでいる姿がよくわかる」といったことを多数挙げてもらえました。

定着状況調査の結果（課題）

他方、校長の回答の中には、懸念の声もありました。例えば、「学力は向上しているが、心の教育やいじめ、不登校など課題が多い」、「形の上では学力が上がってきているが、本物かどうかはわからない。それぞれの学校が真剣に継続して取り組む必要がある」といった声などです。また、県教委へ期待することとして、主任に対する一層の研修や効果的な事例の情報提供を求める意見もかなりありました。中

でも、気になったのは、

・成果はあがってきていると考えるが、改革のスピードが速すぎており、職員との意識のずれを若干感じる。
・学校現場は新しい方策へ早急な対応ができにくい。現在の取組の方向性を3年から5年維持・継続してほしい。

といった、改革が急すぎることや改革を止めることへの懸念の声が多かったことです。

今回の調査からは、主任手当の拠出が広く行われている実態があることも分かりました。「主任手当を拠出していない」と回答する主任は、小学校で25％、中学校で64％、高校で80％にとどまっていました。

全体として、「芯の通った学校組織」の取組を通じて、学校の組織力が着実に向上しつつあること、そのことを教員が実感してくれていることが分かったことは、大変有り難く、嬉しいことでした。同時に、本当の意味で浸透するにはもう少し時間が必要で、次期プランを策定しなければいけないかもしれないと思いました。

ただ、その前に考えるべき問いがありました。それは、「芯の通った学校組織」は、子どもの力の向上につながっているのか、という問いです。

子どもたちの力の向上

「芯の通った学校組織」の目的は、組織作りではなく、子どもの力の向上です。目標を具体化し、その達成のため主任が取りまとめをしながら組織的に実践する、その中で、学校のベクトルが揃い、勢いが生まれ、子どもの力が伸びていくと考えていました。そうである以上、定着状況調査の結果とともに、全国学力調査や全国体力調査に表れる学力・体力の状況が、「芯の通った学校組織」の成果を測る重要な指標でした。

26年度までの両調査の結果は、グラフの通りです。

学力・体力とも向上し、特に小学校では24年度以降大きく伸び、21年以来目標にしてい

全国学力調査における大分県と全国との差
（平均正答率）

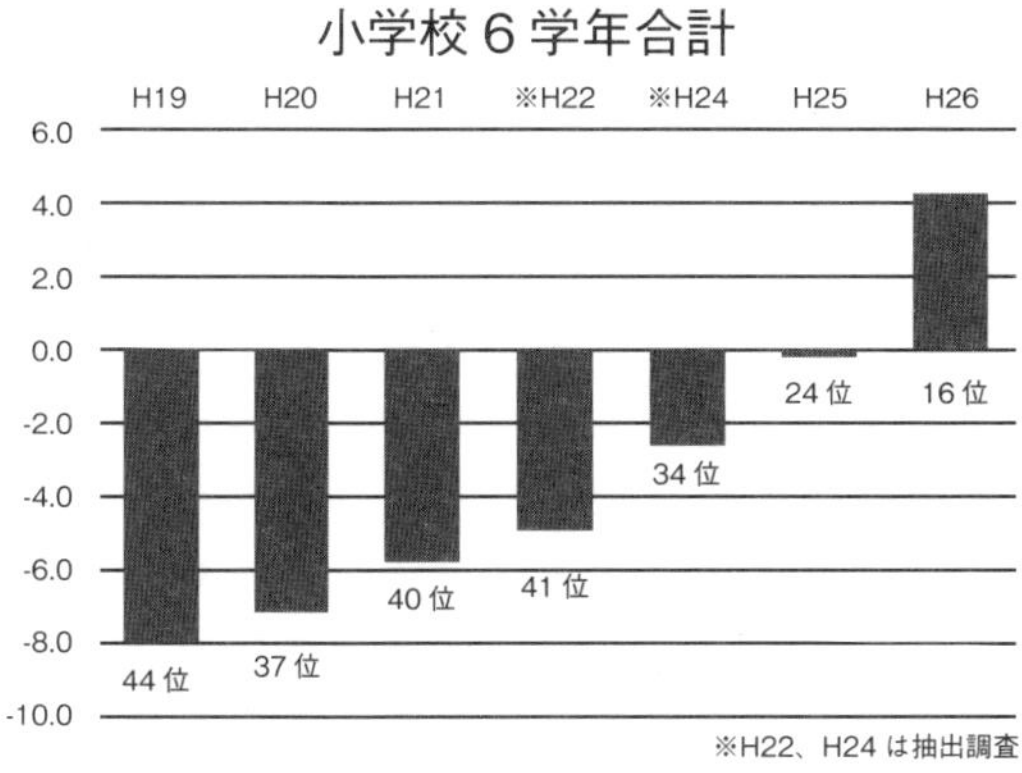

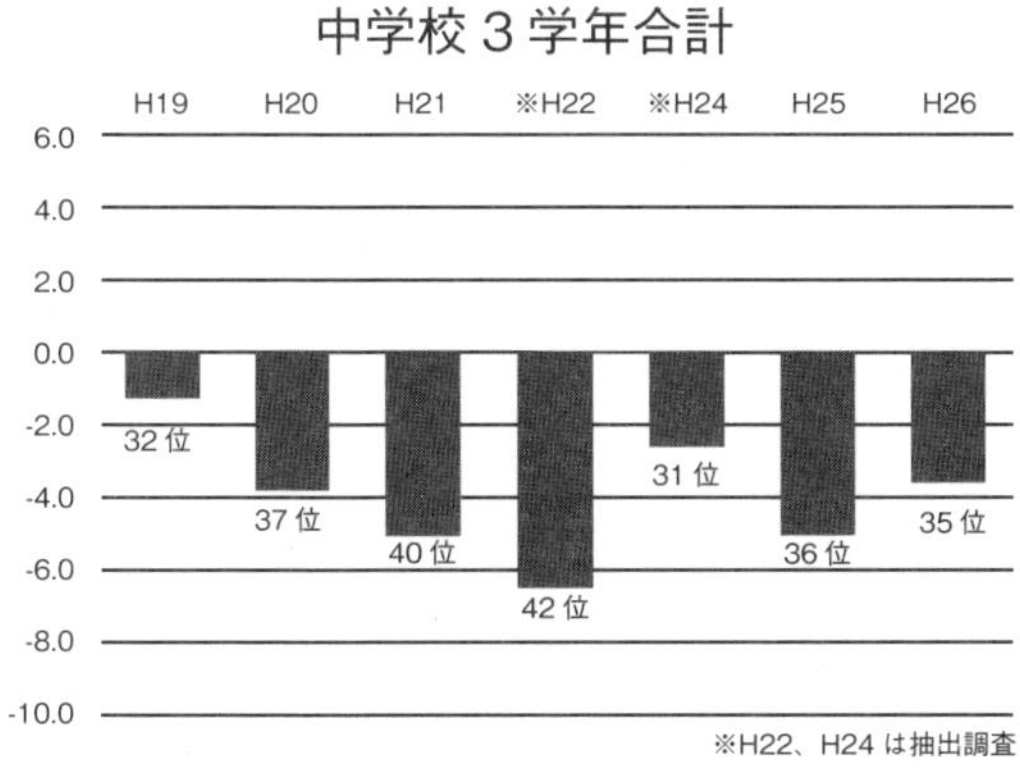

全国体力調査における体力合計点の推移

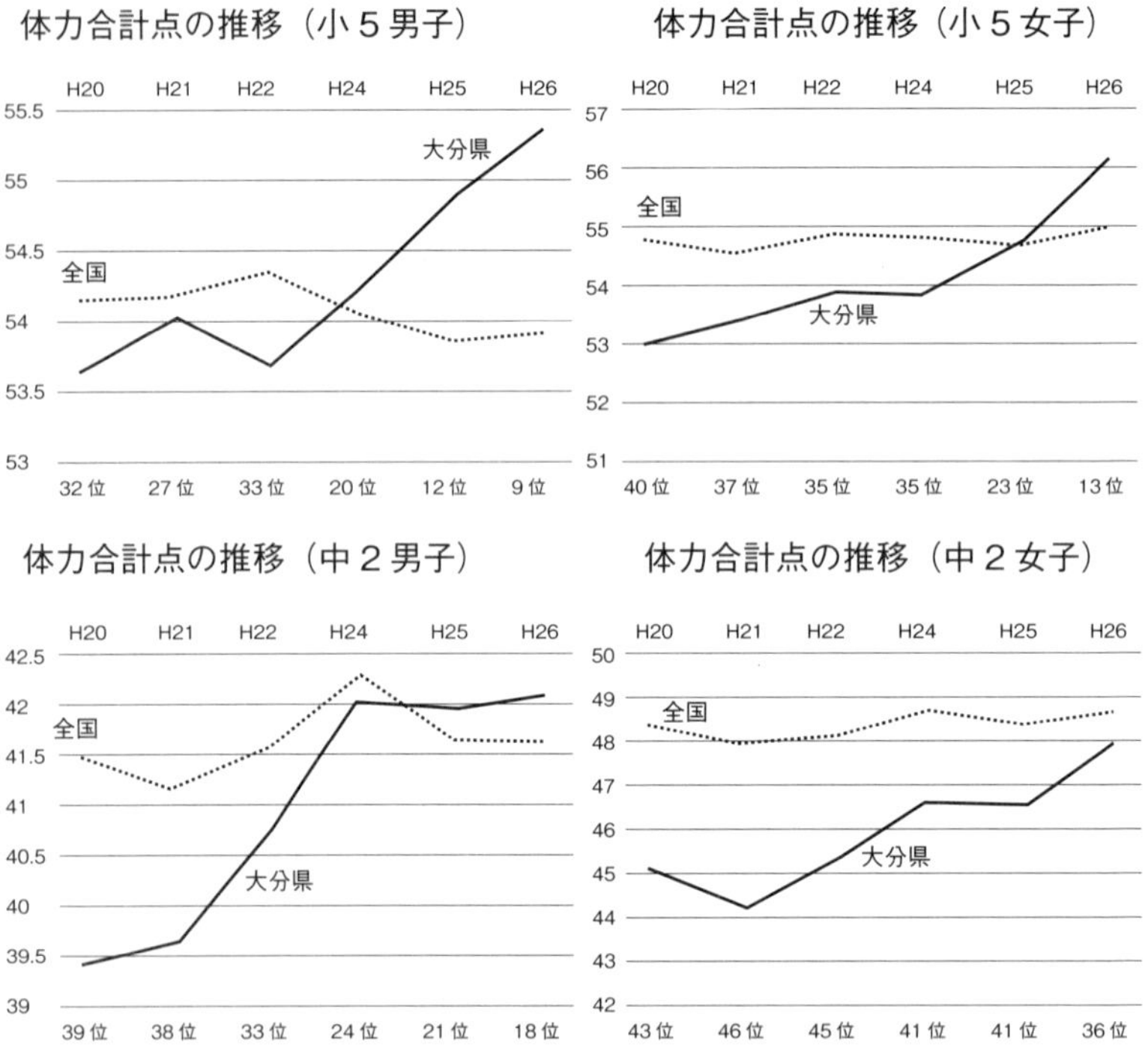

た「九州トップレベル」を学力・体力ともに達成しました。

この結果は、何より、各学校、各教員のがんばりの成果が表れたものです。それでは、「芯の通った学校組織」は学校・教員のがんばりを後押しすることができたのでしょうか？

このことを考えるに当たって、私がカナダから学んだことについて触れさせてください。カナダ（オンタリオ州）の学力向上戦略が、私の中では「芯の通った学校組織」の一つのモデルでしたし、この問いを考える上でのヒントになると思うからです。

1　全国学力調査は、小学校6年生と中学校3年生を対象に、国語と数学について行われています。また、全国順位は、各教科区分（小学校は国語A・Bと算数A・B、中学校は国語A・Bと数学A・B）の平均正答率の合算により、大分県が独自に算出したものです。

2　全国体力調査は、小学校5年生と中学校2年生を対象に行われています。また、全国順位は、体力合計点を基に、大分県が独自に算出したものです。

3　国立教育政策研究所『平成24年度全国学力・学習状況調査の調査問題・正答例・解説資料について』より

4　文部科学省『教育三法パンフレット』より

第三章　カナダ・オンタリオ州の学力向上戦略

子ども時代

私は、父の仕事の関係で、小学校5年生の秋から6年生の終わりまで、約1年半の間、カナダのオンタリオ州にあるトロントという街に住んでいました。「I」が「私は」だという意味さえ知らず、現地校に通い始めたので、はじめはかなり大変でした。この前、徳島の実家に帰省した際、トロントに住み始めて半年後に、それまでを振り返って書いた文章を見つけたのですが、苦労していることが率直に綴られていて、佐野少年に少し同情しました（笑）。それでも、1年を経った頃には、たくさん友達もでき、親から日本に帰ると聞かされた時には、随分泣いたことを覚えています。

ジェイシーケッチャムスクールという現地校で担任をしてもらったのは、ニコルズ先生でした。背が低めの金髪の女性で、とても厳しい先生でした。指示を聞き間違えてすぐ整列しなかったりしたものなら、即座に鋭い叱責が飛んできました。その一方、授業中は、生徒の話をよく聞いてくれる先生でもありました。はじめニコルズ先生のクラスに入った時は反発しましたが、卒業する頃には大好きになっていました。

その頃受けた授業でよく覚えているのは、「架空の動物を創る」という授業です。色々な動物について調べた上で、架空の動物を自分で創り、絵に描き、説明文をつけて発表するという数コマ分の授業だったと思います。自分の動物を創る過程も楽しかったですし、たどたどしかっただろう私の英語を、先生も友達もちゃんと聞いてくれ拍手をくれた時の嬉しさや、しっかり発表できた誇らしい気持ちを今でも覚えています。

級友は、バリエーションに富んでいました。覚えている範囲でも、中国人、フランス人、イタリア人がクラスにいましたし、親友はインド人でした。バスケットボールの時間は、黒人の友達が大活躍していました。ホームページ[1]を見ると、２０１３年のジェイシーケッチャムスクールの６年生の中で、カナダで生まれた生徒は半分以下（46％）、英語を家庭で第一言語として習得していない生徒も62％となっているので、当時も今もとてもマルチカルチュラルな学校でした。

ジェイシーケッチャムスクール

徳島には中学1年生のはじまりと同時に帰りました。その頃には、見事に感覚はカナダ人になっていて、日本の学校に溶け込むのに非常に苦労をしました。登校1日目には、全校生徒が来ているのかと思うくらい、多くの生徒が廊下に集まって私の方を見ていました。徳島に帰国子女の生徒はほとんどいなかったので、異星人を見るような感覚だったのだと思います。

また、カナダの学校とはちょうど正反対に、授業でも授業外でも、自分の意見を言ったり議論をしたりすることが歓迎されない雰囲気を感じ、疑問を感じました。日本の学校は、もう少し風通しのいい場所になるべきではと強く思いました。教育に関心を持つようになったのは、この時からです。

カナダ留学へ

私の中で、カナダで受けた教育は一つの理想的なモデルとして心に刻まれていました。ただ、子ども時代に、ある学校で受けた教育に過ぎないものでもあったので、いつかカナダの教育は本当にいいものなのかを知りたいと思っていました。

中央官庁には、職員を留学させる仕組みがあります。希望する職員が、面接などを経て認められれば、海外の大学院に約2年間、留学できるというものです。留学したいと思い、希望を出す時、カナダに行ってカナダの教育について研究することが頭に浮かびました。改めて調べてみると、ＰＩＳＡ調査という国際的な学力調査の２００６年の結果は、読解力、数学的リテラシー、科学的リテラシーの3分野全てでカナダが日本を上回っていて、カナダは世界でも有数の教育国に位置付けられていました。やはりカナダの教育はいいんだなと思うと同時に、自分の子ども時代の経験も思い出しながらカナダと日本の教育の違いについて研究することで、日本の教育行政に生かすことができるかもしれないと思いました。

留学が認められ、カナダに渡ったのは、２００９年の7月のことです。バンクーバーにあるブリティッシュ・コロンビア大学で教育行政を学ぶことになりました。

ちなみに、留学生活で一番苦労したのは、英語です。子どもの時にある程度話せていたので、大丈夫だろうと高をくくっていたのですが、なかなか通じず、「こんなに苦労することになるとは」と何回も思いました。ただ、その経験があったために、英語の学習について身をもって考えるようになったのは、よかったかもしれません。留学から1年ほど経った頃、はじめてカナダ人の中に混じっての飲み会を心から楽しむことができ、とても嬉しかったことをよく覚えています。

同じく留学から1年ほど経った頃、指導教官（チャールズ・アンガーライダー）から、オンタリオ州の教育省でインターンシップをしないかと薦められました。チャールズは、もともとブリティッシュ・コロンビア州教育省の事務次官を務めていた人で、「教育理論をある程度学んだのだから、あとは、カナダの教育行政の実務を研究すればいいのではないか」と言ってくれました。これほど有り難いことはなく、一も二もなくぜひ行きたいとお願いしました。チャールズは、すぐにインターンシップの手配をしてくれました。

オンタリオ州教育省はトロントにあります。子どもの時以来、実に、20年ぶりにトロントで生活をすることになりました。そして、結局、オンタリオ州と日本の教育施策を比較した論文（「カナダの子どもは、どのように日本を上回る学力を身に付けているのか」）が、私の修士論文となりました。

オンタリオ州教育省の学力向上戦略

オンタリオ州教育省では、２０１０年の９月から、途中中断を挟みつつ２０１１年１月末まで約３ヶ月間インターンシップをしました。といっても働いたわけではなく、省内に椅子をもらい、色々な部局に行って話を聞き資料をもらい、また話を聞きに行くという恵まれた研究生活でした。オンタリオ州の教育省の職員は、日本の教育省から来たという外国人を面白がりながら、とてもフレンドリーに接してくれました。

オンタリオ州教育省でインターンシップし始めてから強く感じたのは、教育省内に漂う明るい空気感と自信です。それもそのはずで、オンタリオ州はＰＩＳＡ調査で世界有数の結果を誇るカナダの中でも、最上位に入る州で、しかも、ここ数年間州政府が行っている学力調査（ＥＱＡＯ）の結果が、継続的に向上していました。マッキンゼー社のもと、世界の著名な教育学者が共同執筆した２０１０年マッキンゼーレポート「How the world's most improved school systems keep getting better（世界で最も成果を上げている学校教育システムは、どのように発展し続けているの

チャールズ・アンガーライダー

か）」[2]においても、オンタリオ州が特に取り上げられ、「卓越した（excellent）教育に向かいつつある」とされたほどでした。良い方向にオンタリオ州の教育を導いているという確信を持って職員が働いていることを、強く感じました。

このような結果をもたらしていたオンタリオ州の学力向上戦略の特徴は、以下の3点です。

1．どういった力を子どもに求めるかを、学力調査を通して明らかにすること
2．その力の向上のための目標意識を州を挙げて高めること
3．戦略的・計画的な指導・支援により、学校の効果的で組織的な学力向上の取組を推進すること

オンタリオ州は、この3点を意識的に進めていました。以下、それぞれについて説明したいと思います[3]（※なお、以下のオンタリオ州の情報は、私がオンタリオ州教育省にいた２０１１年時点のものであることを予めお断り致します）。

1．どういった力を子どもに求めるかを、学力調査を通して明らかにすること

オンタリオ州教育省の中にいて一番驚いたのは、職員がみな「ＥＱＡＯ」について話をすることでした。ＥＱＡＯと言われても、はじめは何のことだか分かりませんでしたが、聞いてみるとオンタリオ州が行っている学力を測る全州調査だということが分かりました。それで、過去の問題をもらって解いて

みたり、指導主事から話を聞く中で、この調査がオンタリオ州の教育行政の中で極めて重要な位置を占めていることが分かりました。

ＥＱＡＯは、毎年、言語力（読解・記述）、数学力について、3年生、6年生、9年生（言語力は10年生）の全ての子どもを対象に行われます。同様に国語、数学について、小学6年生、中学3年生を対象に行われる日本の全国学力調査と比較すると、その一番の特徴は、書かせる問題が全国学力調査よりずっと多いことです。その分、調査時間も長く、例えば、6年生の言語力の調査は4時間かかります（全国学力調査は1時間）。より詳細に見ていくと、ＥＱＡＯでは、日本の多くのテスト問題では求めていない力を測ろうとしていることが分かります。

例えば、試みに、以下の問題を解いてみてください[4]。

ＥＱＡＯ・ＰＩＳＡ（２０１０年春）小学校6年対象：言語力1セクションＡ[5]

「犬ぞりチーム」

犬ぞりは氷の洞窟をスピードを上げながら通り過ぎた。
犬追いは、大声で指示を出す。
犬たちがもがき、
風がうなる中。

そりには貴重な荷物が積まれている。
雪や氷の中から見つけた大切な宝物だ。
家族と犬たちを養う食料だ。
彼女は、闇が落ちる前に家にたどり着くだろうか？

うなりながら走る犬ぞり犬の臭いに気づいた一匹の北極熊が、
よろよろと歩き去る。
犬たちが猛スピードで走るなか、
月は昇り青白い光を照らし始める。
空腹で腹の奥から音が鳴り、
手の指も足のつま先も凍てつく。
しかしチームは、家はもう間近であることを知っていた。
彼らは暗闇が落ちる前に家にたどり着くことができただろうか？

暗くなる空に、オーロラが
青や緑や黄色の光を揺らめかせている。
犬追いは手を挙げて、
犬ぞり犬の名前を叫ぶ。

闇夜が迫るなかオオカミが遠吠えしている。
飼い慣らされた犬ぞり犬たちと同じように飢えている。
犬追いは手綱をしっかりと握り直した。
彼らは家にたどり着けるのだろうか？

凝縮する闇の中から、ちらちらと明かりが光る。
恐ろしい暗闇の中で、何が光っているのか？
あれだ！ドアからこぼれ出るあかりだ。
銀色に光る雪の向こうに、帰りを喜ぶ気持ちが溢れ出ている。
犬追いと犬ぞりチームは、優雅に調和して道を曲がり、
暖かいあかりの元へと急ぐ。
食べものと火が彼らを待っている。
彼らは家にたどり着いたのだ。

問題12．無事に家に着く事を可能とした犬ぞりチームの特性を一つ記述しなさい。また、テキスト中の具体的な事柄と自分の考えを用いて回答を根拠付けなさい。

いかがだったでしょうか。これまで、日本で教員や保護者にこの問題を解いてもらったことが、何度かあります。その際出てくる解答は、例えば次のようなものです。

> ①犬ぞりチームが、無事に家に帰り着けたのは、「犬追いと犬ぞりチームは、優雅に調和して道を曲がり」というところから分かるように、犬と指揮者の間に信頼関係があったからだ。

実際に、オンタリオ州で模範解答として公表されているものの一つは、次のようなものです（実際の子どもの解答です）[6]。

> ②無事に家に着くことを可能とした犬ぞりチームの特性の一つは、「氷の洞窟をスピードを上げながら通り過ぎ、」そして「犬たちが猛スピードで走った」ことだ。迅速に走ったことが彼らが無事に家に帰り着けた理由である。彼らは日没前に家に着くために十分な早さで走ったのである。

実は、模範解答としては、他にも用意されていて、「勇敢さ」や「強い決断力」を挙げているものがあります。お気づきのように、この設問では、解答として取り上げる特性（「スピード」、「勇敢さ」、「強い決断力」、「信頼関係」など）は決まってないのです。文章から読み取れる範囲内であれば、取り上げる特性は、解答者に委ねられています。それでは、この質問では生徒の何を評価しているのでしょう。それは、取り上げた特性が「無事に家に着く」ことを可能としたことを、テキスト中の文章を使って論拠付けることができたかどうかです。模範解答の中には「信頼関係」という特性は挙げられていませんが（これは北米と日本の文化差によるものだと思います）、①のような解答も、論拠付けが的確にされている以上、「正解」になると思います。

ここで、「正解」と書きましたが、実はこれは正確ではありません。何を特性として取り上げるかが解答者に委ねられ様々な「正解」が認められている以上、これが「正解」あれが「不正解」といった採点はできません。それではどう採点するかというと、論拠付けが「どの程度」的確に行われたかを「レベルで」評価するという方法を採っています。

レベルは4段階です。ＥＱＡＯの採点ガイドによると、最上位のレベル4は、「求められた特性を記述しているとともに、具体的で適切な根拠により、その特性を十全に説明できている」回答とされています。

オンタリオ州では、4レベルのうちレベル3が州標準とされていて、全ての子どもがレベル3以上の力を持つことが目指されています。実は、オンタリオ州のカリキュラム（日本の学習指導要領）自体の中で、求められる資質・能力が分類され、4段階でのレベル別設定が行われています。また、レベル3が州標準だということも書き込まれています（日本の次期学習指導要領もそのようなものになるかもしれません）。

こういった、決まった正解のない問い（ＥＱＡＯではオープンレスポンスと呼ばれています）に向き合って、自分なりの解答を作り、論拠付けながら書く力が子どもには求められていると、オンタリオ州は考えています。そして、そのような力の必要性が、ＥＱＡＯを通じて、全ての教職員、全ての子ども、全ての保護者に伝えられているのです。

2．その力の向上のための目標意識を州を挙げて高めること

オンタリオ州では、このＥＱＡＯの結果が、とても大事な指標として扱われ、州の教育目標の中核とされています。２００３年に、マギンティ新知事の元で設定された州目標は、次のようなものです。

> ＥＱＡＯでの成績がレベル３（州標準）を上回る6年生の児童の割合を、現在の54％から75％に引き上げること

当時、ＥＱＡＯでの成績がレベル３を上回る児童の割合が54％だったので、これを75％まで上げようという目標です。教育で掲げる目標には、学力の他にも体力や意欲、心の育成、いじめや不登校、学校施設の状況など、様々なものがあり得ます。教科にしても、国語、数学の他、理科、社会などもあります。それでも、言語力・数学力を測るＥＱＡＯの結果を州の目標の中核にした理由は、次の通りです。

> ・少数の測定可能な目標を、高いレベルに設定することが重要であること
> ・言語力・数学力はあらゆる能力の基盤だと考えられたこと
> ・子どもの学力についての懸念が住民の間に広がっていたこと

・全ての子どもたちに言語力・数学力を保障することが、経済発展と貧困の解消につながると考えられたこと

ただ、州レベルで目標が設定されるだけでは学校現場の目標意識は高まりません。大切なのは、州目標が、地域の80以上の教育委員会の目標、そして各学校が作っている目標とつながっていることです。このため、州教育省は、教育委員会・学校に対し州目標と連動した目標の設定を求めるとともに、データ分析についての助言をするなど、目標設定の過程に直接的に関与しています。また、州・教育委員会間のミーティングを通じて、毎年度、目標の達成状況の検証や見直しも行われています。これらの結果、子どもたちの言語力・数学力向上に向けた、州、教育委員会、学校間の目標意識が共有され、高められています。

「75％への躍進（driver to 75%）」と呼ばれるこの州目標の達成状況の推移は、以下の通りです。[7] 私がオンタリオ州にいた２０１０年時点では、75％の達成間近という状況でしたが、２０１３年に言語力については読解・記述とも州目標を達成しており、著しい向上が見られています。他方で、数学力については２００９年まで順調に伸びていましたが、近年苦戦しています。

EQAO の結果の推移（レベル３以上の６年生の割合）

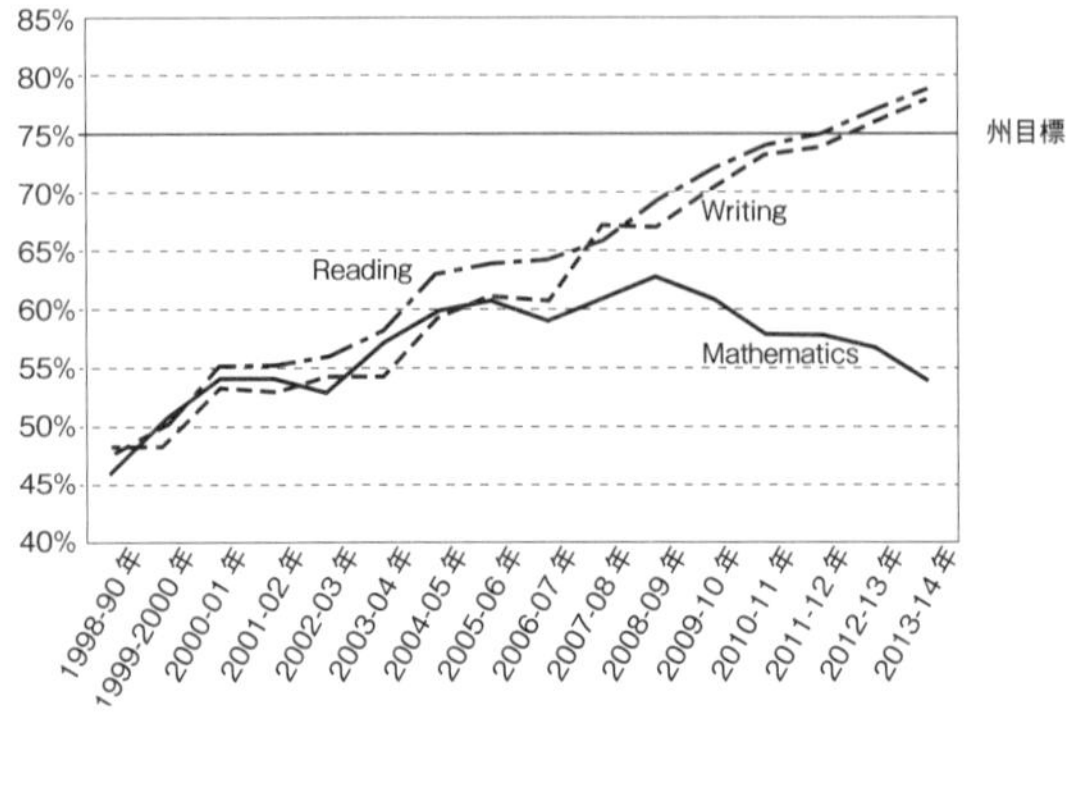

オンタリオ州のある職員は、問題解決型学習を展開する教員の指導力を一層伸ばす必要があると教えてくれました。

課題はありながらも、オンタリオ州は、目標達成に向けた取組を継続的に進め、子どもの力を伸ばしてきたと言えると思います。

3．戦略的・計画的な指導・支援により、学校の効果的で組織的な学力向上の取組を推進すること

それでは、オンタリオ州は州目標に向かってどのように子どもの力を伸ばしてきたのでしょうか？学力向上を進める上でオンタリオ州が何より重要と考えてきたことがあります。それは、「何千何万もの教室で日々行われている『教える・学ぶ』という営みを変えていくこと」が、子どもの力の向上をもたらすということです。言い方を変えれば、教員の指導力を上げ、子どもたちへの指導を改善することが教育行政の根幹だということです。

オンタリオ州では、他の国の教育改革を分析した結果、他国での多くの改革が深く持続的な変化を生まなかったのは、改革の中心が、授業実践から遠く隔たっていたからだと結論付けました。そして、教員の指導力向上を通じて授業改善を進めることを改革の中心に据えることとしました。

教員の指導力を向上させるために取った方法は、州教育者からの学校への指導・支援の充実です。その指導・支援のポイントは、次の3点でした。

①効果的な指導方法の浸透を図ること
②学校での組織的・協働的な取組を推進すること
③戦略的・計画的に指導・支援を進めること

２００４年の１月に、オンタリオ州にＬＮＳと呼ばれる部局が設立されました。正式名は、Literacy and Numeracy Secretariat（言語力・数学力向上局）です。名前の通り、全州の言語力、数学力を向上させ、「75％」目標を達成することをミッションとして与えられた部局です。

ＬＮＳは、約１００人の職員から構成されています。その大部分は授業やカリキュラムについてのエキスパートで、ＳＡＯ（Student Achievement Officer：学力向上指導主事）と呼ばれています。その多くは、初代ＬＮＳ局長が州を行脚し、教員、校長、大学教員、カウンセラー、教育委員会職員などから優秀な人を引き抜いて構成したとのことでした。ＳＡＯは、全部で７つの地区別のチームに分かれ、そのほとんどの時間を担当地区の教育委員

ＬＮＳのミーティング

会や学校と関わりながら仕事をしています。州教育省には月に数回戻り、全員が集まるミーティングを通じて、指導方針の確認や修正、効果があった授業方法の共有などを行っています。

ＬＮＳの行動哲学は、「走りながら学ぶ（Learning as we go）」で、官僚的方法を意識的に避け、学校現場との共同作業により、より良い方策を思考錯誤しながら考えていくスタンスを明確にしていました。私は約1ヶ月の間、ＳＡＯとともに学校に行ったり会議に出たりする日々を送りましたが、その明るく自由闊達な雰囲気から、「梁山泊のようだなあ」と感じていました。

①効果的な指導方法の浸透

ＳＡＯの主要な役割は、教育委員会や学校を直接訪問し、言語力・数学力の向上に向け指導の改善を促すことです。私も一度ＳＡＯによる学校への指導・支援の場に同席したことがあります。クロイス・ウェーバーという元校長先生が、トロントの私の母校（ジェイシーケッチャムスクール）を訪問した際、一緒に連れて行ってもらいました。指導の相手は学校にいる全ての国語教員で、指導内容は児童への評価の仕方とコメントの返し方でした。

学校の一室を使い、校長立ち合いのもと、各学年の国語教員2、3人が順に呼び込まれ、40分程度の間議論が行われます。朝から開始し、全ての国語教員への指導が終わったのは、午後3時でした。

具体的には、以下のように進みました。

教員は、児童が提出した成果物（その多くは模造紙に書かれた発表物でした）を複数持って来るよう

に言われています。まず、教員は持参した成果物について、

①4レベルのうちどのレベルと評価したのか、また、その理由は何か

②児童に対してどのようなフィードバックをしたのか

の2点の説明をするよう求められます。

説明を聞いた後、クロイスが、評価レベルが適切だったか、フィードバックする際の改善点はどこかといったことを教員と会話を交わしながら、コメントします。校長とは、呼び込みの合い間合い間に意見交換を行っていました。

前述のように、ＥＱＡＯは、自分なりの解答を論拠付けながら書く「正解のない問い」が多く、ＥＱＡＱの浸透の結果、学校で子どもに与えられる課題も主張を根拠付けて書くものが多くなっています。○×を付ければ終わりのペーパーテストと違い、こういった幅のある課題では、教員に的確な評価を行う力が強く求められます。各教員が評価を的確に行えなければ、教員間で採点にバラツキが生じますし、児童生徒に適切な指導や助言を行うこともできないからです。教員の評価する力を高める最も有効な方法の一つは、児童生徒の成果物をもとに、どう評価すべきか具体的な議論を行うことです。「①4レベルのうちどのレベルと評価したのか、また、その理由は何か」という指導・支援は、このような議論をＳＡＯと教員間で行うものでした。

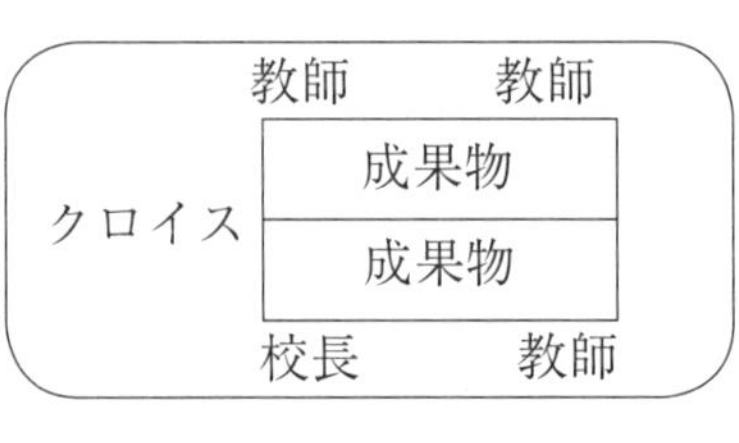

クロイスの指導の中でとても興味深かったのは、ある教員が出していた課題についてのコメントです。クロイスのコメントは、その課題では、レベル4に当たる力を子どもが発揮する余地がなく、レベル3までしか評価できないものになっているので、課題自体の見直しを行う必要があるというものでした。

州の共通カリキュラムの4レベルが、常に意識されていることを感じました。

また、②のフィードバックについて、クロイスが強調していたのは、児童にフィードバックする時、まずはじめに良かったところをほめるということ、そして、ほめた後課題を伝える際に「でも（but）」という接続詞を使わないことです。児童は、「でも（but）」という言葉を聞いた途端、ほめられたことが帳消しになったと感じるからだとのことでした。代わりに、「そして（and）」や「加えて（plus）」という接続詞を使うことを勧めていました（「……というところはすごくいいね。でも、……が足りない」とコメントするのではなく、「……というところはすごくいい。加えて、……についても考えるともっといいものになるよ」というフィードバックをするということ）。

このようなフィードバックが児童のやる気を高める上で有効なことはＳＡＯの共通認識になっていて、ＳＡＯがフィードバックについて教員に指導・支援を行う際の重要事項の一つだということでした。

クロイス・ウェーバー

このフィードバックの仕方は、オンタリオ州では「反映的フィードバック」と呼ばれています。ＬＮＳの中には調査研究チームがあり、世界的に有名なトロントの教育系大学院（ＯＩＳＥ）などと連携しながら、全州で共有すべき指導方法を開発しています。「反映的フィードバック」はその一つで、その他にも、Learning Blocksという指導方法（言語力や数学力の授業を行う際、言語力は１００～

120分、数学力は60～75分の長めの授業時間を設け、邪魔されない継続した時間を設けることで主体的な学習を促す方法）など多岐にわたりました。

このように、SAOによる教員の指導方法についての指導・支援は、先進的な教育理論に基づいた具体的な助言を、学校への直接訪問により行うものです。その方針は、教員に指導力向上のための学習機会を与えることにあります。低学力校の教員に対するアンケートの結果、

・一般にオンタリオ州の教員は学校を良くしたいと思っていること

・しかし、学校を良くするためには外部からの支援が必要と考えていること

が分かったこと、つまり、学校が良くならないとすれば、その原因は教員にやる気がないことにではなく指導力を高める機会が不足していることにあると考えたことが、この方針を形作っています。

②学校での組織的・協働的な取組の推進

ただ、SAOが各地域に配属され、効果的な指導方法の共有を進めていると言っても、学校訪問の機会には限界があります。また、学力向上を継続的なものとするためには、教員自身が、効果的な指導方法を自分のものとし日々の授業に活かしていく必要があります。このために重要視されているのが、PLC（プロフェッショナル・ラーニング・コミュニティ）の構築です。

PLCは、

同僚集団による協働的な問いかけ（collaborative inquiry）を通じて、児童生徒の学力向上のために、指導力の向上を目指す学習集団

と定義されます。

ＰＬＣが組織された学校では、子どもの力を向上させるためには何が必要なのかを議論する、校長・教員参加のミーティングが継続的に行われます。オンタリオ州では、効果的なＰＬＣの構築が、教員の指導力の向上をもたらし、しばしば短期間で学力を大幅に向上させると考えられています。このため、ＰＬＣの構築は、ＳＡＯが学校を指導・支援する際の大事な柱とされています。実際、低学力校の教員へのアンケートで判明したことの一つは、教員間での協働的な取組がほとんどないことでしたが、一年目の指導・支援の後に、これらの学校のほとんどでＰＬＣが構築されています。そして、これらの学校の約80％の教員が、効果のあった指導力向上の取組として「同僚との協働的な取組の推進」を挙げ、ＬＮＳの取組の中で最も支持を得た取組となっています。

メアリー・ジーン（Mary Jean Gallagher）

私は、インターンシップを行っている時に一度ＬＮＳの局長だったメアリー・ジーン（Mary Jean Gallagher）にインタビューをしたことがあります。私の質問は、オンタリオ州の目覚ましい学力向上の最大の理由は何かというものでした。その答は、

児童が作成した成果物を真ん中に置いて、児童が次のレベルに進むためにどう働きかければよいかを、協働的に議論・追求する習慣が学校・教師の間に浸透したこと

というものでした。この言葉には、ＬＮＳが、各学校での組織的・協働的な取組を推進することを強く意識して、指導・支援を進めていることが示されていました。

③戦略的・計画的な指導・支援

指導・支援は、ＥＱＡＯのデータをフルに使いながら、戦略的・計画的に進められ、それにより、学校の効果的で組織的な取組が推進されていました。オンタリオ州は、全ての児童が州標準であるレベル3に到達することを目指しており、ＬＮＳの発足以来、ＳＡＯの指導・支援の重点は、まずレベル1やレベル2の児童が多い学校の底上げを行うことに置かれていました。具体的には、次の3つの分類に当てはまる学校を、集中的に指導・支援していました。

・分類1　過去3年の内2年以上、レベル3を上回る児童の割合が34％以下に止まる学校
・分類2　直近の成績で、レベル3を上回る児童の割合が34～50％の間で、かつ直近3年間の結果が下降或いは停滞傾向の学校
・分類3　直近の成績で、レベル3を上回る児童の割合が50～74％の間で、かつ直近3年間の結果

が下降或いは停滞傾向の学校

（※いずれも、レベルはＥＱＡＯ（読解）の成績により判断）

分類１の学校には、ＳＡＯが１年に５～８回、分類２の学校には１年に３～５回訪問し、集中的に指導・支援を行うとともに、必要な予算措置を行います。指導・支援の内容は、既に述べた、効果的な指導方法の共有と学校での組織的・協働的な取組の推進です。分類３の学校には、ＳＡＯは訪問せず、地域教育委員会の支援に委ねられます。

２００４年から始まったこの指導・支援は大きな成果を上げ、分類１や分類２の学校が急速に減少しました。その結果、私がインターンシップをしていた２０１０年時点では、ＬＮＳの関心の中心は、分類３の学校に移りつつありました。また、レベル４に到達した児童の割合が十分増えていなかったため、レベル３の児童をレベル４に上げるための指導方法の在り方が注目を集めつつありました。

ＥＱＡＯの結果は、毎年各学校ごとに公表されていて、どこが集中支援が必要な学校なのかは明らかになります。このため、当初、集中的な指導・支援を受ける学校の教員は、そう認識されることに懸念を持っていたようです。しかし、指導・支援が、教員の指導力の向上や、その結果として子どもの学力の向上をもたらすことが明らかになるにつれ、次第に懸念は薄れていき、指導力を伸ばす機会を逃しているのではないかと感じているそれら以外の学校の教員から、同様の機会を求める声が強まったとされています。

大分県の学力向上方策との比較

以上、足早に、オンタリオ州の学力向上戦略について見てきました。改めて、オンタリオ州の学力向上戦略の要点は、次の3つです。

1. どういった力を子どもに求めるかを、学力調査を通して明らかにすること
2. その力の向上のための目標意識を州を挙げて高めること
3. 戦略的・計画的な指導・支援により、学校の効果的で組織的な学力向上の取組を推進すること（①効果的な指導方法の浸透、②学校での組織的・協働的な取組の推進、③戦略的・計画的な指導・支援）

これらを意識的に進めていった結果が、オンタリオ州を、世界的に有名な「教育州」へと押し上げています。これを図にすると、次ページのようになると思います。

私が、オンタリオ州でのインターンシップを終え、カナダ留学から帰って来たのは、23年1月末のことでした。1年ほど文部科学省で仕事をした後、24年の4月から大分県に出向になりました。大分県で仕事をする中で、オンタリオ州の学力向上戦略と大分県の学力向上の取組を比較してみたことが何度かあります。大分県の最も大きな課題だった学力向上を進めるために、オンタリオ州で学んだことが活かせないかと思ったのです。今改めて、

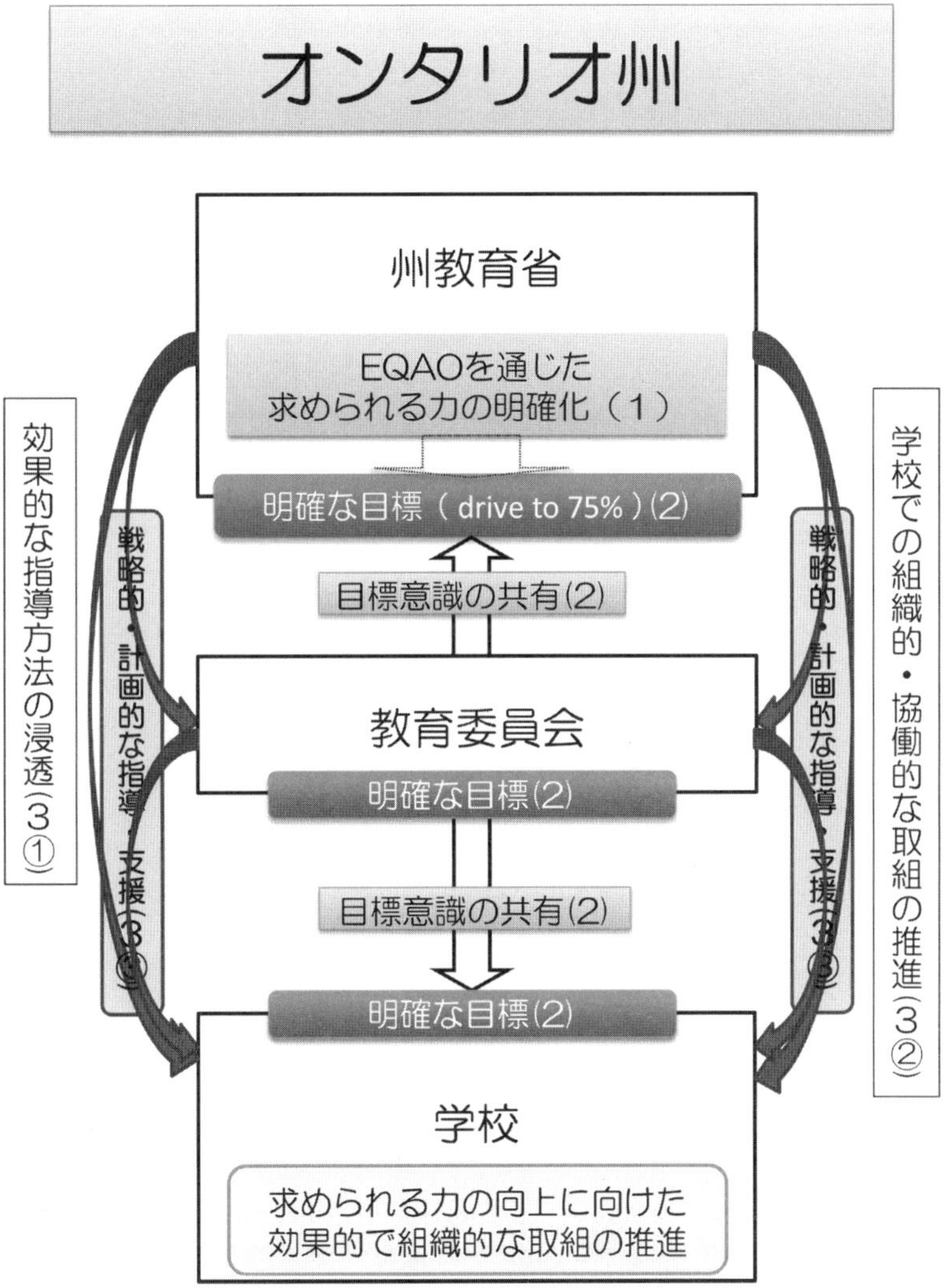

オンタリオ州
州教育省
EQAOを通じた
求められる力の明確化（1）
明確な目標（ drive to 75% ）(2)
目標意識の共有(2)
教育委員会
明確な目標(2)
目標意識の共有(2)
明確な目標(2)
学校
求められる力の向上に向けた
効果的で組織的な取組の推進
効果的な指導方法の浸透（3①）
戦略的・計画的な指導・支援（3
戦略的・計画的な指導・支援（3
学校での組織的・協働的な取組の推進（3②）

24年度から始めた『芯の通った学校組織』の取組は、子どもの力の向上につながっているのか

という前章の問いを意識しながら、オンタリオ州の学力向上戦略と大分県の学力向上の取組を比較すると、以下のようなことだと思っています。

まず、「1．どういった力を子どもに求めるかを、学力調査を通して明らかにすること」についてです。

大分県のほとんどの児童生徒が受ける調査（試験）は、次の3つです。

①国の全国学力調査（小学校6年生、中学校3年生対象）
②県の定着状況調査（小学校5年生、中学校2年生対象）
③県の高校入試（中学校3年生対象）

①の全国学力調査が、基礎・基本的な知識技能を問うA問題と、思考力・判断力・表現力等を問うB問題から構成されているのは、前述の通りです。他方、②の定着状況調査は、24年度までは基礎・基本的な知識・技能のみを、③の高校入試も知識・技能に偏りが強い試験でした。それが、②の定着状況調査は25年度から活用力も問うものとし、また、③の高校入試も、26年度の改革により思考力・判断力・表現力をこれまで以上に求めるものとし、今後も継続的に改善することになっています。特に高校入試については、26年度から試験時間を全教科5分伸ばし、問題のページ数も6ページから10ページに増やして、資料・グラフ・図を多く取り入れることで、じっくり考えまとめ表現する問題を充実させ

ました。また、各教科の配点を50点満点から60点満点にした上で、思考力・表現力・判断力を問う問題への配点を多くすることで、そのような問題を解ける力を育成することが重要だというメッセージを送りました。

こういったことから、子どもに求める力については、これらの調査（試験）を通じて、一定の明確化が図られるようになりました（なお、余談ですが、私は個人的には全国学力調査はより高いレベルで思考力や「書く力」を問うべきと思っていて、論述を主体としたC問題を加えるべきと考えています）。

次に、「2．その力の向上のための目標意識を州を挙げて高めること」についてです。

まず、県としての目標は、24年時点で明確に意識されていました。大分県では、20年の事件の反省の中で、県民の教育への信頼を取り戻すには子どもの力の向上が不可欠と考え、21年度に「学力九州トップレベル」を目指すことを打ち出しました。そして、毎年全国学力調査の結果を注視し、全国体力調査の結果とともに、中心的な関心事としてきました。また、同じく21年度から、市町村に、学力向上推進計画（アクションプラン）を作ってもらっています。この中で市町村毎の数値目標を明らかにしてもらうことで、県・市町村間の目標の共有が行われてきました。また、②の定着状況調査の市町村別の結果を一覧で公表することにより、県や各市町村間で学力向上への目標意識を高め合う土壌もありました[8]。

一方、肝心の学校の目標は、その多くが明確でなく、絞られてもいませんでした。学校には数値に対するアレルギーが強く、そもそも20年頃には「学力」について口に出すこと自体受け入れられない雰囲気があったと聞いています。県・市町村に目標はあっても、学力向上に向けた学校の目標意識は必ずしも高まっていなかったというのが24年時点の状況だったのだと思います。

最後に、「3．戦略的・計画的な指導・支援により、学校の効果的で組織的な学力向上の取組を推進すること」についてです。

まず、「①効果的な指導方法の浸透」についてです。大分県では、22年度から、秋田県の実践に学びつつ全県的な授業スタイルを作り、普及させていました。「1時間完結型授業」「板書の構造化・板書とノートの一体化」「習熟の程度に応じたきめ細かい指導の充実」の3つからなる「大分スタンダード」です[8]。この「大分スタンダード」が、義務教育課の指導主事や21年度から置かれた学力向上支援教員[9]の奮闘などにより、全県に浸透しつつありました。

一方で、「②学校での組織的・協働的な取組の推進」については、学校の取組も、推進を図るための教育委員会の指導・支援も十分ではありませんでした。日本では、小学校を中心に、教員がお互いの指導力を高め合う文化があり、それが日本の教育を世界で冠たるものとしている一因だと思います。大分にもそのような文化はありました。ただ、①のように学校の目標が明確化されていない中で、高め合いの方向が十分定まっていませんでした。また、例え校長や数人の教員が高い目標意識を持っていたとしても、校長

26年度のブラッシュアップ後の「新大分スタンダード」

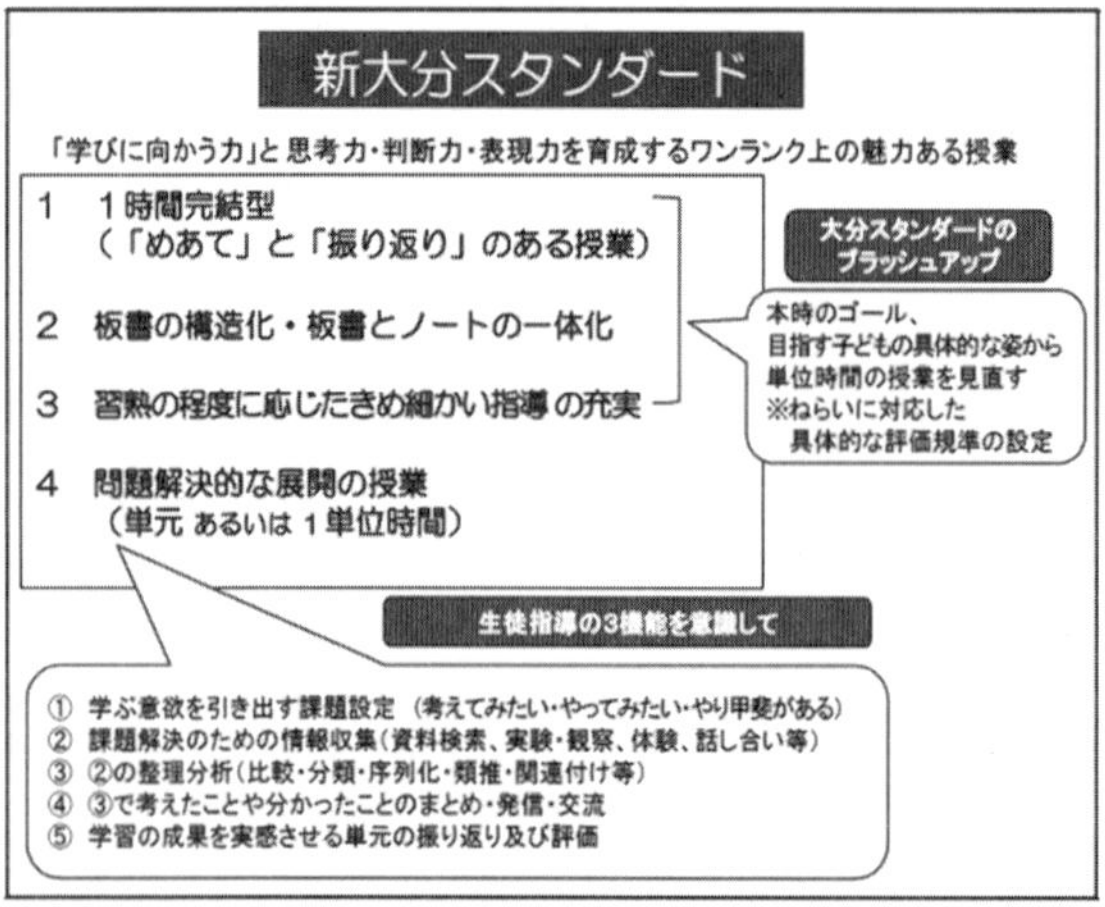
新大分スタンダード
「学びに向かう力」と思考力・判断力・表現力を育成するワンランク上の魅力ある授業
1　1時間完結型
（「めあて」と「振り返り」のある授業）
2　板書の構造化・板書とノートの一体化
3　習熟の程度に応じたきめ細かい指導の充実
4　問題解決的な展開の授業
（単元 あるいは 1単位時間）
大分スタンダードのブラッシュアップ
本時のゴール、
目指す子どもの具体的な姿から
単位時間の授業を見直す
※ねらいに対応した
具体的な評価規準の設定
生徒指導の3機能を意識して
① 学ぶ意欲を引き出す課題設定（考えてみたい・やってみたい・やり甲斐がある）
② 課題解決のための情報収集（資料検索、実験・観察、体験、話し合い等）
③ ②の整理分析（比較・分類・序列化・類推・関連付け等）
④ ③で考えたことや分かったことのまとめ・発信・交流
⑤ 学習の成果を実感させる単元の振り返り及び評価

がリーダーシップを発揮し、目標に向かって学校全体で取り組むための体制が、確立されていませんでした。折角の「協働」の文化を、子どもの力に確実に結びつけるための目標と組織が揃っていなかったということです。

また、教育委員会側も、効果的な指導方法について指導・助言を行う意識（①）はあっても、目標を数値で明確化したり、主任が機能する体制を構築したりといった学校マネジメントの観点からの指導・支援を行う必要があるという意識は希薄でした（②）。

さらに、指導・支援を計画的・戦略的に行うこと（③）も十分できていませんでした。大分県には、オンタリオ州のＬＮＳのように、学校への指導・支援をミッションとする教育事務所が置かれ、指導主事が置かれていましたが、位置付けもミッションも不明確な中、学校から呼ばれて助言することはあっても、自ら課題意識を持って計画的・戦略的に学校を訪問し、指導するような状況はありませんでした。

この状況を図で示すと、次ページのようになると思います。

「芯の通った学校組織」の取組は、この不足していた部分を改善するものでした。前述のように、「芯の通った学校組織」の柱は、次の２つです。

・目標を明確にしてＰＤＣＡを回し学校全体で検証・改善を繰り返すこと（「目標達成に向けた組織的な取組」）
・目標達成の取組を進める基盤として校長のもと、主任等が効果的に機能する学校運営体制を作ること（「基盤となる学校運営体制」）

大分県

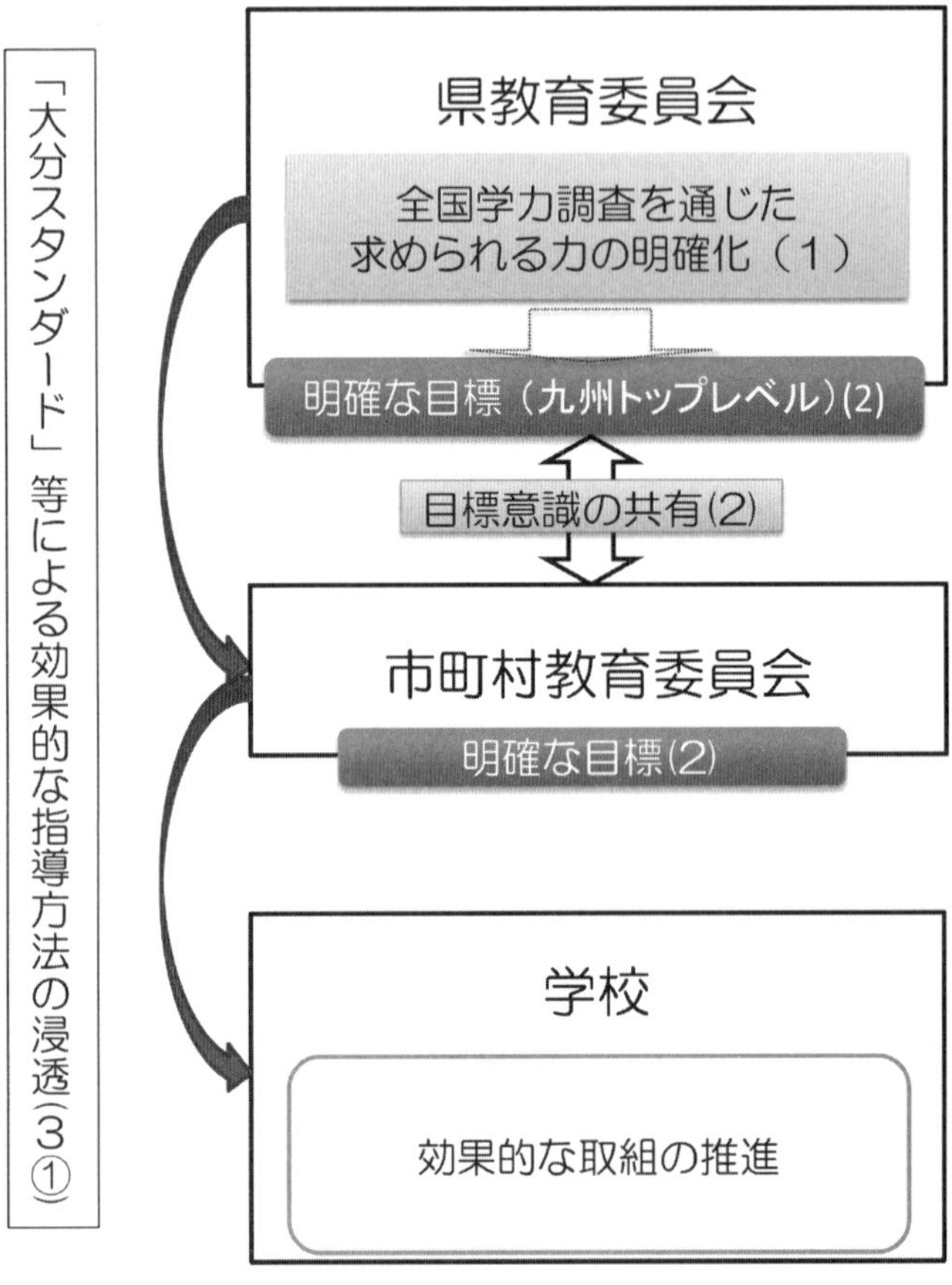
県教育委員会
全国学力調査を通じた
求められる力の明確化（１）
明確な目標（九州トップレベル）(2)
目標意識の共有(2)
市町村教育委員会
明確な目標(2)
学校
効果的な取組の推進
「大分スタンダード」等による効果的な指導方法の浸透（３①）

目標を絞り数値で達成指標を示すよう求めたことで、県教委、市町村教委、各学校が学力向上に向けて目標意識を共有し、高めていくことにつながるとともに（2．関係）、学校が学校全体で学力向上を進める上で軸となる目標が明確化されました（3．②関係）。また、主任制度の定着や運営委員会の設置などを通じて学校が組織として学力向上を進めるための基盤となる体制が構築されました（3．②関係）。教育事務所が計画的に学校を訪問する文化を作ることで、3．①②を計画的・戦略的に推進する体制もできました（3．③関係）。これらにより、次のページのような状況が生まれ、各学校における、求められる力の向上に向けた、効果的で組織的な取組が進むようになったのではと考えています。

目標だけが共有されていても、どう取り組めば効果的なのかが分からなければ改善は進みません。また、目標が共有され、効果的な指導方法がある程度見えていても、学校全体で実践を推し進めていく体制が学校になければ、持続的・発展的な改善は見込めないのです。

このように、求められる力の明確化と目標意識の共有（真ん中の軸）、効果的な指導方法の浸透（左の軸）、学校の組織的な取組の推進（右の軸）という3つの軸を意識することにより、各学校における「求められる力の向上に向けた効果的で組織的な取組」を促すことが、子どもの力を県（州）全体で上げていく鍵のように思います。このような取組の組み合わせは、体力向上についても同様だったと思います。具体的には、

大分県

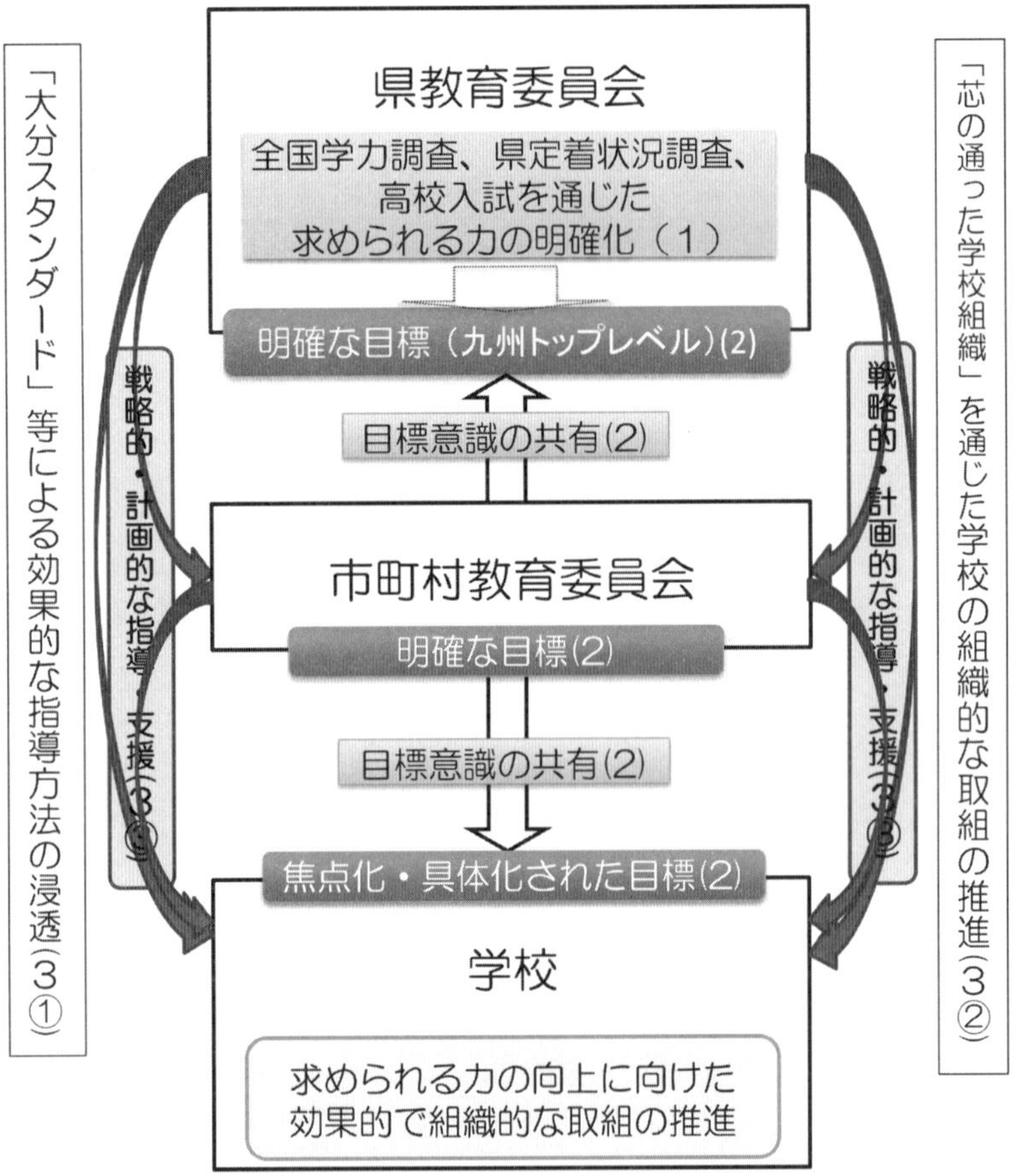

県教育委員会
全国学力調査、県定着状況調査、
高校入試を通じた
求められる力の明確化（1）
明確な目標（九州トップレベル）(2)
目標意識の共有(2)
市町村教育委員会
明確な目標(2)
目標意識の共有(2)
焦点化・具体化された目標(2)
学校
求められる力の向上に向けた
効果的で組織的な取組の推進
「大分スタンダード」等による効果的な指導方法の浸透（3①）
戦略的・計画的な指導・支援（3③）
戦略的・計画的な指導・支援（3③）
「芯の通った学校組織」を通じた学校の組織的な取組の推進（3②）

1. 全国体力調査による求められる体力の明確化
2. 県の数値目標、市町村教委の体力向上アクションプランの策定、学校の焦点化・具体化された目標の作成⇓目標意識の共有
3. 市町村教育委員会と連携しながら、体育専科教員や、体育保健課・教育事務所が以下のことを継続的に指導・支援（③）
体力向上につながる「一校一実践」の呼びかけや好事例の共有（①）
各学校での体育主任を中心とした、組織的な「一校一実践」の取組（②）

各学校における、体力向上に向けた効果的で組織的な取組の推進

といった中で、体力向上が進みつつあります。

改善志向の組織文化と教育改革の根底

このように振り返る中で改めて思うのは、「芯の通った学校組織」で取り組んできたのは、改善志向の組織文化を作ることだったということです。学力・体力向上など具体的な目標を立てる取組が進んだことで、教員が子どもの力の「限界」を先に決めてしまうのではなく、より高い力を持たせてあげられ

るよう指導の改善を進める空気感が強くなったのではないかと思います。また、何かを改善することはこれまで行ってきたことを「変える」ことを意味し、そのためには責任と権限のある者が一つ一つ判断し実践に移すことが必要です。運営委員会を設けたり主任がその職務を意識し担うようになったことで、「議論のための議論」を繰り返し同じところをぐるぐる回るのではなく、少しでもいい方向に向かって判断と実践を積み重ねる体制が整いつつあるように思います。

「芯の通った学校組織」は、このような改善志向の組織文化を作るためのツールを提案させてもらったものでした。改めて、大分県の学力・体力向上は、何より各学校、各教員のがんばりの成果が表れたものです。そのがんばりを「芯の通った学校組織」の取組が後押しできたのだと思っていますし、そう思えることをとても嬉しく思います。

また、こういった改善志向の組織文化を作ることができるようになった背景も決して忘れてはいけないと思います。それは、子どもの力の向上に向けて教員が真摯に取り組める環境を作ってきたということです。特に、20年の事件以来、新しい人事評価制度のもと教職員が切磋琢磨する土壌を作ったり、努力する教職員が報われる人事を進めてきたりしたことや、教職員組合との関係の峻別により本来組合が口を出すべきでない学習指導や人事への介入を排除できるようになってきたことなど、管理面での正常化があります。例えば、21年度以降、継続的に教職員の人事異動の方針を見直してきました。この中で、半ば既得権益化していた学校への勤続年数や教員の希望に基づく人事を、人事評価に基づくそれらにとらわれない人事へと変えていくことで、頑張る教員が適切に評価される人事を行うことができるようになってきました。23年4月には、法令遵守の観点から、教職員組合に「今後の貴組合との交渉のあり方について（通知）」を送り、労使交渉の適正化を図っています。それまで、教員の研修内容の決定や学力調査の実施など、法令上、教育委員会がその職務、権限として行うこととなっているいわゆる「管理運営事項」についても、教職員組合と事実上の交渉をしなければ行えない実態があったと聞いています。労使交渉の適正化により、ようやく教育委員会が本来の権限と責任のもと取組の改善を進められるようになりました。

また、こういった管理面の正常化を図りつつ、地域を挙げて教育を向上させる気運の醸成も行ってきています。秋田県をはじめとした学力先進県へ県教育委員会と市町村教育委員会、校長、教諭が21年度から3年間にわたり合同で視察に行き、帰庁後は、各市町村で保護者、住民も交えて報告会を行うといった取組です。

全国学力調査の結果は「点数学力」に過ぎないといった不毛な議論を捨て、真摯に全国40番台という子どもの学力の状況に向き合えば、まだまだ子どもに力を付けさせてあげられると思う方が当然です。管理面での正常化や教育の質向上に向けた気運の醸成の中で、教員が素直に子どもに向かうことができる環境づくりが進んだことは、重要なことでした。そういう意味で、学力・体力の向上は、20年度以来積み上げてきた大分県の教育改革の集大成だと言えますし、逆に、今後県・市町村教育委員会の目標意識が低下したり、教職員組合との適正な労使関係が崩れたり、学校の組織体制が形骸化したりすることで、改善志向の組織文化が失われた時、大分県は後退していくのだと思います。

もう一つ大事なことがあります。それは知事からの支援です。大分県教育委員会は、特に20年度の不祥事以来、学力・体力の向上に向けた知事からの厳しくも温かい支援を頂いてきました。「しつこく果敢に改革を進めるように」という知事の叱咤激励こそが、大分県の教育改革を支えています。平成27年度から新教育委員会制度が始まりますが、大分県では、新制度の開始に先駆けて、知事・教育委員会間の信頼関係を深めてきたといえると思います。

改革の継続と発展

以上、二章に渡って、24年度に策定した「目標達成に向けて組織的に取り組む『芯の通った学校組織』」推進プラン（第一期プラン）の取組、その成果と課題をオンタリオ州の取組と対比させながら紹介してきました。

定着状況調査から全学校・全教員に取組が浸透するにはまだ時間が必要なことが分かったこと、また、「芯の通った学校組織」は、子どもの力の向上につながっているという確信を得たことから、第二期プランを策定し取組を継続することを決めたのは26年11月のことです。次章では、この第二期プランに基づく「芯の通った学校組織」の27年度以降の展開について、少し説明したいと思います。

学校改革担当指導主事たちと

1　ＥＱＡＯホームページ『https://eqaoweb.eqao.com/eqaoweborgprofile/profile.aspx?_Mident=3066』より

2　McKinsey & Company.（2010）.『How the world's most improved school systems keep getting better』43ページより

3　オンタリオ州の学力向上戦略については、以下を参照

Canadian Language &Literacy Research Network（2009）『Evaluation Report. The Impact of the Literacy and Numeracy Secretariat: Changes in Ontario､s Education System』, LNS(2008)『BuildingCapacity with a Focus on Results: The Literacy and Numeracy Strategy』, Ontario Ministry ofEducation（2008）『Energizing Ontario』, Ontario Ministry ofEducation『The Ontario Curriculum, Grades 1-8, Language』

4　EQAO『EQAO's Student Booklet, Grade 6, SPRING 2010, Language 1 Section A』7ページ及び9ページより

5　オンタリオ州教育省の許可を得て、英語の原文を佐野が翻訳

6　EQAO『Released 2010 Assessment: Language 1, Reading Item-Specific Rubrics and Sample Student Responses with Annotations』中の question12 に関する Code40 とされた回答より（オンタリオ州教育省の許可を得て、英語の原文を佐野が翻訳）

7　『The Grade3 and Grade6 Assessments of Reading, Writing and Mathematics, 2002-2003, Report of Provincial Results』6ページ、『The Grades3, 6 and 9 Provincial Report, 2005-2006: English-Language Schools』3ページ、『Ontario Student Achievement English-Language Students, EQAO's Provincial

Elementary School Report on the Results of the 2009-2010 Assessments of Reading, Writing and Mathematics, Primary Division（Grades 1-3）and Junior Division（Grades 4-6）』 3ページ、『Ontario Student Achievement English-Language Students, EQAO's Provincial Elementary School Report: Results of the 2013-2014 Assessments of Reading, Writing and Mathematics, Primary Division（Grades 1-3）and Junior Division（Grades 4-6）』 3ページを統合

8　例えば、「1時間完結型授業」では、授業の冒頭にこの授業で学ぼうとしている「めあて」を明らかにし、授業の最後に「振り返り」を行って1時間学んできたことをまとめた上で授業を終える授業展開が提案されています（思い返すと、子どもの頃、尻切れトンボに終わり肝心なところが分からず次に進む授業がけっこうあったように思います）。

9　学力向上支援教員は、学力向上をミッションとした教員として各市町村教委に配置したものです。年間5回の公開授業などを通して域内の学力向上を進める役割を持ちます。26年度現在72人が配置されています。

第四章　「芯の通った学校組織」の活用推進

新プランの策定

26年11月18日、「芯の通った学校組織」の第二期プランを策定しました。タイトルは、「子どもの力と意欲の向上に向けた『芯の通った学校組織』活用推進プラン」です（以下、「活用推進プラン」）。「芯の通った学校組織」は子どもの力と意欲の向上を目的としていること、そのために「芯の通った学校組織」で提案したツールを存分に活用してほしいという意味が込められています。

第二期プランの期間は2年間です。これにより、「芯の通った学校組織」は第5フェーズまで進めていくこととなりました。多少脱線もしながら、プランの内容を少し紹介したいと思います。

第1フェーズ（24年度）：趣旨の周知と制度の整備
第2フェーズ（25年度）：実践・研修・指導による「芯の通った学校組織」の構築
第3フェーズ（26年度）：「芯の通った学校組織」の定着
第4フェーズ（27年度）：「芯の通った学校組織」の活用推進
第5フェーズ（28年度）：子どもの力と意欲を高める「芯の通った学校組織」の確立

取組の徹底

「芯の通った学校組織」はまだ2年半の取組に過ぎず、定着状況調査の結果を見ても、目標達成に向けて組織的に取り組む組織文化が、全教職員に意識されるまでには至っていません。したがって、活用推進プランの第1のポイントは、これまでの取組を改善しながら徹底することです。このため、まず、今後徹底するべきことを8つにまとめ、「8つの観点」として示しました。

「8つの観点」

1. 学校の喫緊の課題を十分検討した上で、課題と重点目標を一致させること
2. 取組指標は、実際に取り組むことによって、児童生徒が変わり、重点目標達成に近づくことがイメージできる具体的なものとすること
3. 重点目標、達成指標、重点的取組内容（重点的取組、取組指標）が、全ての教職員に共有されるよう、会議での取り上げ方などを工夫すること
4. 検証に当たっては、①取組指標に基づく取組状況をまず確認し、その上で、②その取組により重点目標達成に近付けたかを検証し、年度の中でも取組指標、重点的取組、達成指標を改善していくこと
5. 目標管理制度と人事評価制度の連動、及び、学校の重点目標・分掌等目標・自己目標の連動により学校の組織力の向上等を図るという教職員評価システムの趣旨を一層徹底すること

6. それぞれの重点目標の達成を担う主任等を明らかにし、責任を与えること
7. 意思決定がより効率的・効果的に行われるよう、運営委員会や職員会議で扱う議題の整理や、職員会議によらない周知・徹底の工夫などを行うこと
8. 主任制度及び主任手当の趣旨が伝わるよう、人事異動に係る職員面談や年2回の目標管理面談等の中で、主任手当の拠出の状況について確認するとともに、法令の趣旨に則った指導を行うこと

私が特に大事だと思っているのは、観点1と観点6です。

学校訪問をさせてもらい各学級を見て回ると、この学校の課題は「授業規律の確保だな」とか、「子どもの挑戦意欲を伸ばすことだな」とか課題が見えることがあります。校長にそう言うと、「まさしくその通りです」と言われるのですが、いざ学校の重点目標を見ると、「基礎学力の向上」「健やかな体づくり」といった当たり障りのない言葉が並んでいたりします。そういった時には、重点目標は、学校や子どもの様子を見たり、教職員の意見を聞いたりする中で、校長が「これこそうちの課題だ」と思ったものをストレートに書いてほしいと言います。そのような真に迫った目標でないと、学校全体を動かす力のある目標にならないと思うからです。観点1はそういう趣旨です。

また、ある辞められた教育長からこんな話を聞いたことがあります。「課題がある時は、部下に宿題を出し、上がってきたものをいったんやり直させた上で、次上げてきた時にはほめることにしている。それが人を育てるということだ」。校長の中には、データ処理から書類作成まで沢山のことを一人で行

う方がいらっしゃいます。ご自身の高い意欲の現れでしょうし、そういうことが必要なタイミングもあると思いますが、やはり観点6に書いたように、校長が手綱を握りながらも、主任に権限と責任を与えてまずは任せてみることが、主任の力を伸ばし主任制を定着させる上で必要だと思います。

活用推進プランの中では主任手当の拠出についても、今後継続的な調査と公表を行うなどとしています。プラン案をお見せした時、ある市町村の教育長からは「こんな項目は必要ない。主任手当の拠出などというものは第3フェーズ中に終わらせるべきだ」という言葉を頂きました。実際、プランを作成した26年11月以降27年3月までの間に5市町村で拠出がなくなり、18市町村中7市町村ですでに拠出はないと伺っています。主任の教員がこれだけしっかり職務を果たしつつある中、このような悪弊は早急に絶つべきだと思います。

一層の活用の推進

プランのもう一つの柱が、「活用の推進」です。現在、大分県の学校では、目標達成に向けて組織的に取り組む学校マネジメントの意識が高まりつつあります。「芯の通った学校組織」の取組を通じて浸透しつつあるこのマネジメントの考え方を、学校の様々な課題解決のために活用してもらいたいと考え、3点提案させてもらいました。

［目標達成に向けた組織的な授業改善］

一つ目は、授業改善への活用です。日本では、多くの学校で、「考えをまとめ、伝える力を育てる」

などといったテーマのもと、全教員が定期的に集まり、教育理論の勉強や研究授業、教員間協議などを行い、教員間で指導力を高め合う「校内研究」の取組が行われています（オンタリオ州で言うところのＰＬＣです）。定着状況調査によると、大分県では、小学校で月に2～3回、中学校で月に1～2回、特別支援学校で月に2回～3回程度、校内研究の時間が取られています。

子どもの力と意欲を高めるためには何より教員の指導力を上げることが重要で、そのためには、このような各学校での組織的な授業改善の取組を活発にし、前述の

> 児童が作成した成果物を真ん中に置いて、児童が次のレベルに進むためにどう働きかければよいかを、協働的に議論・追求する習慣

を全ての学校で培っていくことが必要だと考えています。

他方、私は、大分県の校内研究には、学校間の温度差がかなり大きいと思っています。温度差の一つは、校内研究を子どもの力の向上につなげようとする意識の差です。子どもの力の向上につながっているかどうかをしっかり確認しながら校内研究を進めている学校もあれば、研究紀要を作成することが目的化したような「研究のための研究」になってしまっている学校もあると感じています。もう一つは、校長の関わり方の差です。教務主任や研究主任に責任を持たせながらもご自身がしっかり関わる校長もいれば、研究主任に丸投げにしている校長もいるように思います。

また、組織的な授業改善という点で一番気になっているのは、高校です。現在、高校には校内研究の

文化は薄いですが、今後、学校全体で授業改善を進める取組が待ったなしで求められていると思っています（この点については、第6章で改めて触れます）。
　活用推進プランには、以上のような問題意識を示し、それを踏まえて、27年3月には、『目標達成に向けた組織的な授業改善』推進手引き」を作成しました。下の授業改善の5点セットをはじめ、マネジメントサイクルを取り入れた組織的な授業改善を提案しています。是非小中高特支全てで活用してもらい、各学校の効果的で組織的な取組を一層推進してほしいと思っています。

授業改善の５点セット（具体例）

①授業改善テーマ

考えをまとめ、伝える力を育てる授業

②授業改善の重点

1　めあてやねらい、課題が明確化された授業の推進
2　問題解決的な授業の推進

③取組内容

[取組内容①]
＜めあて・課題の設定の工夫＞
学習過程やゴールがイメージできるめあて・課題を設定する。

[取組内容②]
＜思考を深化・拡充する交流活動の工夫＞
自分の考えを書いてまとめさせた上で、考えを深化・拡充するための交流活動を設定する。

④取組指標

[取組指標①]
授業のめあて・課題・評価規準を毎時間記録し、2週間に1回自己点検して、授業改善に反映させる。

[取組指標②]
単元に1回以上、考えを書いてまとめて交流する活動を設定するとともに、交流後に考えの変化を生徒に記録させる。記録は単元毎に点検し、授業改善に反映させる。

⑤検証指標

[検証指標①]
■生徒意識調査における回答者の割合
◆「めあて・課題を見て、本時に何を学ぶのかを理解した上で授業に取り組む」と回答する生徒の割合を10ポイント増やす。

[検証指標②]
■生徒意識調査における回答者の割合
◆「普段の授業で、友だちと話し合う活動を通じて、自分の考えを深めたり広げたりすることができている」と回答する生徒の割合を7ポイント増やす。

［組織的な生徒指導の推進］

提案の二つ目は、生徒指導、特に不登校への対応に関するものです。大分県の不登校の児童生徒数は、下のグラフにあるように高止まりしています。

このため、活用推進プランでは、組織的な不登校対応として、「あったかハート1・2・3」という取組を全県で進めることを提案しています。欠席1日目に電話連絡、2日目には電話＋必要に応じ家庭訪問、3日目には必ず家庭訪問をする、また、3日以上の欠席の場合は校内不登校対策委員会を中心に組織的に対応することを、全ての学校で共通認識した上で取り組むこととするものです。この取組を通じて、学校に行きたくても行けないような子どもたちに、早い段階で手が差し伸べられるようになることを願っています。

私自身は、このような不登校対応とともに「分かる授業」を推進することが不登校についての施策の中で重要だと思っています。「分かる授業」とは、教員が一人ひとりの生徒を理解し、それぞれの子どもが存在感や学ぶ楽しさを感じられる授業です。そういうクラスやそういう学校は、行きたくなる楽しい学校だと思います。その意味で、不登校対応と授業改善は密接に結びついていると考えています。第6章で授業展開の

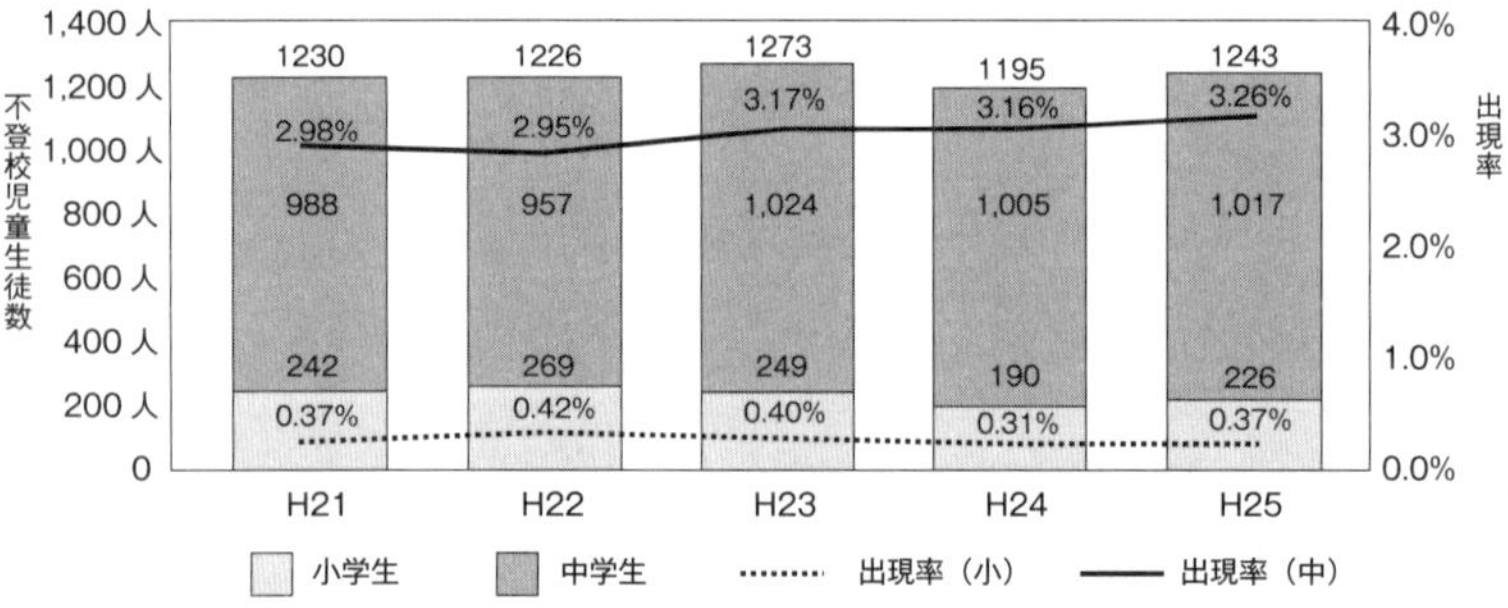

※平成25年度の全国の出現率は、小学校0.36%、中学校2.69%である。

在り方について述べますが、授業に限らずあらゆる教育活動の根底に、こういった共感的な場を作る視点が欠かせないと思います。

「あったかハート1・2・3」

1　欠席1日目：電話連絡（状況確認、受診確認、励まし等）

2　欠席2日目：電話又は家庭訪問（状況確認、受診確認、励まし等）
　※必要に応じ家庭訪問

3　欠席3日目：家庭訪問（最近の様子を含めた状況確認、受診確認、再登校の不安の解消や励まし等）

◇　欠席3日以上　組織対応開始（校内不登校対策委員会が中心）
・対応策の検討、対応計画の作成
・必要に応じて関係機関にも出席を依頼
・市町村教委への報告
・改善が見込まれない場合は対応策の見直し・修正

不登校の関係では、もう一つ忘れられないことがあります。それは、大分市唯一（平成26年度時点）のフリースクールであるハートフルウェーブにお邪魔して、代表の佐伯和可子さんとお話をしたことです。

ハートフルウェーブは、小学生から高校生までの不登校児童生徒を対象として、24年の10月に設立されています。来ている子どもは、毎年約10名ほどです。私がお邪魔させてもらったのは、26年の7月のことでした。

佐伯さんの活動は、子どもに居場所を提供しながら、同時に、子どもが社会的に自立できる力を育むことを強く意識して行われていると感じました。例えば、

「居場所を提供するだけでなく、ちゃんと勉強して、高校に入学するよう言っている。勉強が全てとは思わないが、高校入試に向けた勉強が、『自分がしたいことのためには、したくなくてもしなくてはならないことがある』ことを理解し、乗り越えていくトレーニングになると思っている。」

といったコメントや、子どもたちに写真展（26年7月）や文化祭（26年11月）の企画・運営をさせることを通じて、社会との接点や何かを創る力を持たせてあげようとしていることなどです。

また、子どもの籍が置かれている学校には、ハートフルウェーブでの子どもの様子を毎月写真付きで報告しているとのことです。学級担任が子どもを見たことがないケースもあり、「こういう子なんですね」という反応をもらうこともあるとのことでした。また、子どもが「学校に戻りたい」と口にした時には、担任の先生と連絡を取って、どう学級に溶け込めるように子どもを戻してあげるか一緒に考えるとのことでした。

他方、困っているのは運営費で、一人3万円強の月謝では活動を賄えず、貯金を切り崩しながら生活をしていること、それでも「放っておくと死んでしまうのではないか」というほど元気がない子どもが面接に来るので、やめるわけにもいかないと思っていることなどを、笑顔で淡々と話してくれました。

現在、大分県の中学校では約3％の生徒が不登校（「年間30日以上の欠席」）になっています。大分県の中学生3万人強のうち、約1000人が不登校になっているということです。この1000人のうち「適応指導教室」[1]に通っている子どもは、約150人に止まります。残りの850人のうち、一月に数回は顔を見せるなど学校にある程度来ている子どもが大半だとしても、かなりの数の子どもが、場合によっては友達や社会との接点をほとんど持つことがないまま、家にいるということです。

ハートフルウェーブは、こういった子どもに手を差し伸べています。学校にも適応指導教室にも行けない子どもを目の前にして、自ら経費を負担しながら受け入れ、意欲が出てきた子には学校復帰の道筋を作り或いは勉強や様々な活動をさせる。その中で子どもの社会的自立を促していく。頭が下がる思いで訪問を終えたことを覚えています。

ハートフルウェーブ佐伯代表

また、よく考えると、ハートフルウェーブの取組は、行政が「失敗」していることを、私人がやむにやまれず取り組んでいることのように思いました。行政は、学校に来ていようが来ていまいが「大分県にいる全ての子ども」の社会的な自立を促していく必要があると思います。実際には、上記のように、学校に来れない子どもがたくさんいます。そして、「学校に来させる努力はしている」と言いながら、学校以外の社会的自立の場を作ったり支援したりすることは、十分できていません。そういった状況の中で、基本的な学力や人間関係を構築する力を育むことができないまま年齢を重ねていっている多くの

子どもがいるとすれば、それは行政の「失敗」なのではないかということです。佐伯さんのフリースクールは、やむにやまれず、その「失敗」を補ってくれているのではと感じました。

現在、国において、フリースクールへの支援の在り方や就学義務（子どもを小中学校に通わせる義務を保護者に課したもの）の扱いについての議論が進みつつあります。この議論を経て、全ての子どもが社会的に自立できる力を付けられるようになる状況が生まれることを願っています。

［学校・家庭・地域の協働］

提案の三つ目は、学校・家庭・地域の協働です。大分県では、25年度から「目標協働達成校」という取組を進めています（26年度は、モデル校が38校）。「芯の通った学校組織」の取組のいわば発展型として進めている取組です。大きな特徴は、学校・家庭・地域の三者で次のページのような「協働4点セット」を作って、共通の目標に向かってそれぞれが取り組むことを決める点です（「協働4点セット」は34ページで説明した学校の4点セットの中の「重点的取組」「取組指標」の欄に、家庭・地域としての取組を加えたものです）。

学校・家庭・地域の連携とよく言われますが、問題はその中身だと思ってきました。学校が保護者・地域住民に学校の状況を説明することに終始したり、学校がお願いしたことを手伝ってもらうだけでなく、学校・家庭・地域が目標を共有し、それぞれがそれぞれできることを考え、話し合いながら実践していく、そんな能動的な連携ができないものかと考えていました。

ちょうど、学校評価の4点セットにより、学校が保護者・地域住民に学校の目標や取組を分かりやすく伝えることができるようになっていました。そこで、家庭・地域にもこの4点セットに加わってもらって、学校・家庭・地域それぞれが行うことを「見える化」しながら取り組む活動モデルを提案したのが「目標協働達成校」の取組です。

25年度のモデル校での取組から、この取組に効果があることが分かったことから、この取組を27年度から全県下で進めることを活用推進プランの中で提案しました。具体的には、毎年の学校・家庭・地域が集まる各学校での学力向上会議で、学力向上に向けた「協働4点セット」を作り、学校・家庭・地域で協働して取り組んでいくというものです。

また、現在、大分県では、23年度からの玖珠町でのコミュニティ・スクールの成功が大きな刺激になり、コミュニティ・スクールの設置が広がりを見せています。コミュニティ・スクールは、うまく活用できれば、子どもの力を伸ばしながら地域住民も元気になる取組だと思います。地方創生が大きなテーマになる中で、「協働4点セット」を使ってもらったりしながら、コミュニティスクールのような学校・家庭・地域全てが元気になる取組が増えていけばいいなと思っています。

「協働４点セット」の例

<table>
<tr><th colspan="3">重点目標：挨拶がきちんとできる子の育成</th></tr>
<tr><th colspan="3">達成指標：児童・教職員・保護者アンケートで「挨拶がよくできる」が80%以上になるようにする。</th></tr>
<tr><th colspan="3">重点的取組（そのために重点的に取り組むこと）</th></tr>
<tr><th>家庭</th><th>学校</th><th>地域</th></tr>
<tr><td>□　家庭で挨拶ができる子を育てる。</td><td>□　挨拶の大切さを児童に伝えていく。
□　挨拶がよくできる子をほめ、本人や他の子の意欲を高める。
□　校門から児童玄関までの間で挨拶の声が響くように挨拶運動を行う。</td><td>□　地域で挨拶ができる子をめざし、よくできている子をほめる。</td></tr>
<tr><th colspan="3">取組指標（具体的に取り組む内容）</th></tr>
<tr><th>家庭が取り組むこと</th><th>学校が取り組むこと</th><th>地域が取り組むこと</th></tr>
<tr><td>□　家庭の中で、挨拶を交わす。
「おはよう」「いただきます」
「いってきます」「ただいま」
「おかえり」
□　月１回、各家庭に用紙を配付し自己評価をする。</td><td>□　学級、全校朝会で挨拶の大切さを児童に伝えていく。
□　月１回、教職員の推薦による「あいさつきらり賞」を渡す。
□　月２回、教職員が校門に立ち、挨拶運動を行う。</td><td>□　「地域できらり」賞の取組
保護者・地域の方に推薦してもらい、全校朝会や学校だよりで紹介する。</td></tr>
</table>

まとめ

以上が、活用推進プランの概要です。8つの観点の徹底を進めていくとともに、「芯の通った学校組織」を活用して、目標達成に向けた組織的な授業改善、組織的な生徒指導、学校・家庭・地域の協働が図られるよう、教育事務所の計画的な学校訪問や教育センターの主任等研修などを通じて、県を挙げて推進していきます。

24年度から始めた「芯の通った学校組織」の取組も2年半が経ちました。取り組み当初に感じていた「清水の舞台から飛び降りるような」感覚はもうありません。代わりに、取組を受け止め進めて頂いたことへの感謝の気持ちと、さらなる改善への期待感だけがあります。今後、第4フェーズ、第5フェーズと、目標達成に向けた組織的な取組がさらに深まり、子どもの力と意欲を一層伸ばすことのできる学校作りが進んでいくことを願っています。

玖珠中コミュニティ・スクールを中心に集まったメンバー

ボールの行方

さて、活用推進プランのほぼ最後に、「県立学校に対する設置者としての指導」という項目があります（「県立学校」は公立高校及び特別支援学校を、「設置者」は県教育委員会を指しています）。「芯の通った学校組織」は、高校、特別支援学校も意識しながら、とりわけ小中学校に向けた取組でした。小中学校の学力向上が喫緊の課題になっていたことに加え、小中学校の学校マネジメントに課題が大きいという認識が強かったからです。

今、小中学校の学力向上が徐々に進み、組織力も高まってきました。その中で、大分県でも、実は全国でも、ボールは小中学校から高校へと投げられようとしています（大分では、小から中高へと言ってもいいかもしれません）。「県立学校に対する設置者としての指導」はこのことを念頭に置いて、県教育委員会が高校改革や特別支援学校への指導を一層進める必要があることを明らかにしたものです。第5章、第6章では、グローバル化という大きな時代の変化の中で、どのような高校改革が求められているかを中心に、今後の課題についての私の考えを述べたいと思います。

1　不登校児童生徒を対象に、学校復帰を目標として学習支援等を行う教室。教育委員会が設置している。大分県では、県教育センターの適応指導教室に通う児童生徒が、県立図書館の読み聞かせ活動に参加するなどにより、社会との接点を増やす取組も行っている。

子どもの力と意欲の向上に向けた「芯の通った学校組織」活用推進プラン（概要）

第１～３フェーズの取組により、学校の組織力は着実に向上してきたものの、なお課題はあり、また教育活動の更なる充実のため、「芯の通った学校組織」の一層の活用が必要。このため、「芯の通った学校組織」の「取組の徹底」と「一層の活用の推進」を通じて子どもたちの力と意欲の向上が図られるよう、今後、２年間に渡り、以下のテーマのもと、取組を継続。

第１フェーズ（２４年度）：趣旨の周知と制度の整備
第２フェーズ（２５年度）：実践・研修・指導による「芯の通った学校組織」の構築
第３フェーズ（２６年度）：「芯の通った学校組織」の定着
第４フェーズ（２７年度）：「芯の通った学校組織」の活用推進
第５フェーズ（２８年度）：子どもの力と意欲を高める「芯の通った学校組織」の確立

取組の徹底

目標達成・組織マネジメントの徹底

＜「８つの観点」に基づく指導・支援＞

取組の徹底が必要なポイントは以下の８つであり、この「８つの観点」を中心に一層の指導・支援を進める。

1．学校の喫緊の課題を十分検討した上で、課題と重点目標を一致させること
2．取組指標は、実際に取り組むことによって、児童生徒が変わり、重点目標達成に近づくことがイメージできる具体的なものとすること
3．重点目標、達成指標、重点的取組内容（重点的取組、取組指標）が、全ての教職員に共有されるよう、会議での取り上げ方などを工夫すること
4．検証に当たっては、①取組指標に基づく取組状況をまず確認し、その上で、②その取組により重点目標達成に近付けたかを検証し、年度の中でも取組指標、重点的取組、達成指標を改善していくこと
5．目標管理制度と人事評価制度の連動、及び、学校の重点目標・分掌等目標・自己目標の連動により学校の組織力の向上等を図るという教職員評価システムの趣旨を一層徹底すること
6．それぞれの重点目標の達成を担う主任等を明らかにし、責任を与えること
7．意思決定がより効率的・効果的に行われるよう、運営委員会や職員会議で扱う議題の整理や、職員会議によらない周知・徹底の工夫などを行うこと
8．主任制度及び主任手当の趣旨が伝わるよう、人事異動に係る職員面談や年２回の目標管理面談等の中で、主任手当の拠出の状況について確認するとともに、法令の趣旨に則った指導を行うこと

＜主任手当の拠出に対する県・市町村教育委員会の取組の推進＞

旧態依然とした主任手当拠出の行為は、法令の趣旨に鑑み許容されるものではなく、市町村教育委員会と連携して、以下のことに取り組む。

○　主任手当の拠出に関する継続的な調査と市町村毎の公表
○　県・市町村教育委員会の連名による職員団体への要請
○　校長等への任用に当たっての資質の確認
○　主要主任の承認要件の設定

一層の活用の推進

「芯の通った学校組織」を活用して、大分県の課題である、思考力・判断力・表現力等の育成のための組織的な授業改善や不登校への対応のための組織的な取組、学校・家庭・地域の協働が図られるよう、以下の取組を進める。

Ⅰ 目標達成に向けた組織的な授業改善

＜組織的な授業改善の推進＞

【組織的に授業改善を進める上での留意点】
① 児童生徒の力や意欲についての課題の把握と指標の設定
② 授業改善計画の作成と体制の構築
③ 校内研究の質の向上
④ 「新大分スタンダード」の活用

○ 「校内研究の手引き（仮称）」の作成と学校への指導・支援
○ 研究団体の活性化を通じた授業改善の推進

＜組織的な体力向上の推進＞

○ 体力向上に係る推進校の指定、情報共有による支援　など

Ⅱ 組織的な生徒指導の推進

【未然防止・初期対応・学校復帰支援の推進】
＜未然防止＞　学級づくりや授業改善を通じた未然防止
＜初期対応＞　「あったかハート１・２・３」の徹底
＜学校復帰支援＞　関係機関と連携した学校復帰支援

不登校対策委員会での計画作成等による組織的な対応の推進

○ 不登校対策委員会活性化のための指導・支援
○ 「地域不登校防止推進教員（不登校対策コーディネーター）」による支援

Ⅲ 学校・家庭・地域の協働

【学校・家庭・地域の「協働」】
共通の目標のもと、意思疎通を図りながら、学校・家庭・地域それぞれが取組を進める、学校・家庭・地域の「協働」の推進

○ 「目標協働達成校」の推進（現在の取組の推進と他校への普及）
○ 学力向上会議の発展的な見直し（学校・家庭・地域の「協働」の場へ）
○ コミュニティ・スクールの推進（成果と課題を明らかにしつつ推進を図る）

推進方策

１．学校マネジメント研修の充実

○ 主要主任等や若手教職員の研修の充実
○ 組織的な授業改善や生徒指導を推進する研修の推進　など

２．教育事務所による指導・支援

○ 全ての学校に年間２回、加えて市町村教育委員会との協議を踏まえ追加訪問

３．県立学校に対する設置者としての指導

○ 目標・取組の焦点化と県教育委員会によるマネジメントの推進
○ 学校全体での思考力・判断力・表現力を高める授業改善の推進
○ 学部主事の位置付けの明確化
○ 「個別の指導計画」の質向上のための組織的な指導・助言体制の徹底

４．研修・会議等の精選

○ 学校の実態の把握に基づく県教委の研修・会議等の精選と関係団体等への要請

教育改革のめざすところ（生涯にわたる力と意欲を高める「教育県大分」の創造）

☆20年の贈収賄事件　…○教員採用・管理職任用・人事異動をめぐって発生、信頼の失墜
～「すべての教育関係者に忽せにできない課題を突きつけられた」～
☆信頼回復の取り組み…○教育改革の推進
（1）教育行政システムの改革（再発防止策の実施）
（2）子どもの挑戦や自己実現を支える学校教育の推進（学力・体力向上の取り組み）とそのための環境整備

教育行政システムの改革

H20〜H22

【再発防止策の実施】
○県教委組織の改正（権限と責任の明確化）
審議監制度の廃止、教育人事課の創設
◎教員採用試験の徹底した見直し
◎教頭・校長採用試験の徹底した見直し
○指導主事試験の廃止や事務職員等の各種試験の見直し
◎新たな人事評価制度の導入と人事・各種試験への全面活用
○人事管理システムの導入
◎学校支援センターの設置
◎人事の主体性確保の徹底
○指導の不適切な教員の支援システムの見直し

H23〜H26

○改革の徹底と深化
◎職員団体との関係の更なる適正化
交渉の見直し（法令遵守の徹底）
在籍専従の見直しなど
◎管理職試験の資格試験
○求める管理職像の明確化
◎人事評価の給与への反映（H29～順次）

学力・体力向上施策実施と環境整備

H20〜H22

【学力・体力向上の取り組み】⇓「点から面へ」「徹底」
◎学力向上対策事業
1時間完結型授業の徹底・板書の構造化
基礎基本の定着状況調査
学力向上支援教員制度の導入など
◎学力向上ステップアップ事業
◎体力パワーアップ・向上事業
体育専科教員制度の導入など
◎学力先進県合同視察
→ 大分スタンダード（3つの授業改善）
← H26～ 新大分スタンダード（＋問題解決型授業）
→ 1校1実践

【新しい価値の発見】
◎民間人校長の配置
◎新しい職の導入
～副校長、主幹教諭、指導教諭～
◎コミュニティースクール

教職員の人材育成方針（H23・10）

H23〜H26

【学校の組織的課題解決力の向上について（提言）】
⇐
【新しい学校マネジメントの導入】
☆学校教育目標等の具体化・重点化
◎学校管理規則改正
運営委員会制度の導入と職員会議の位置づけの明確化など
主任制度の確立と職員団体への通知
◎学校評価制度の全面改定
◎目標管理制度の全面改定
◎職員研修、教育事務所の支援体制の見直し
⇐
【芯の通った学校組織推進プラン】⇓【活用推進プラン】
◎学力向上アクションプランの推進　◎あったかハート 1.2.3 など
◎体力向上アクションプランの推進
◎組織力向上プランの推進…主幹教諭、指導教諭の活用など
※学校教育目標等の具体化とマネジメントツールの活用
（重点目標→達成指標→重点的取組→取組指標の検証）
※教職員評価システム・学校評価制度の活用

【人材育成と学校長のリーダーシップ】
◎広域人事の推進～人材育成・全県的な教育水準の維持向上・意識改革
・「新採用からおおむね10年以内に3つ以上の人事地域を勤務…」など
◎人事異動の全面的見直し…「希望の尊重→求められる人材へ」
・「人事計画」の廃止と「適材適所の人事」の推進～年数・希望にとらわれない人事
・人事評価結果の研修・人事異動への全面活用
・「勤務拠点（出身地）」の廃止など教職員人事についての考え方を全面改定
◎研修の見直し（初任研の拡大～1年から3年へ拡大 など）

☆校長・副校長・教頭先生へ⇓リーダーシップ発揮のためのツールの提供と環境整備

COLUMN

教育委員会と大学の連携・協働

子どもの力と意欲を伸ばすために、より良い教員を確保するとともに、教員の指導力を上げる必要があることは言うまでもありません。それでは、現在、教員の資質能力の向上のためにどのような方法が取られているでしょうか？

まず、教員志望の大学生は、大学の講義を受け教員免許を取ります。

次に、教員として採用される際、教育委員会が実施する採用試験を受けます。

教員となってからは、教育委員会主催の研修や学校内研修（ＯＪＴ）などがあります。

このように見ると、これまで教員の資質能力の向上は、教員になる前は大学で、採用後は教育委員会·学校でという「役割分担」になっていました。そのこともあり、大学と教育委員会が、教育の課題や教員の状況について意見交換するような機会はほとんどなく、大学の教員養成と教育委員会が行う研修が必ずしもつながっていない状況がありました。

現在ここに、教員の資質能力を高める方法が新しく加わりつつあります。教職大学院の設立です。教職大学院は、高度な実践的指導力を備えた教員養成を目指す大学院です。大分県においては、大分大学が28年度から教職大学院を設置することを表明していて、

・現職教員を対象とした、学校経営力を持った管理職を養成する「学校経営コース」
・新人・中堅教員を対象とした、課題探究など新しい学びを展開できる教員を養成する「教職実践コース」

の二つが開設される予定になっています。どちらも２年のコースです。

教職大学院に通う人達の多くは、すでに教員として学校で教えたことがある教員経験者です。このような人達に教育を行うに当たっては、地域の教育の課題を十分踏まえる必要があることから、大学が教職大学院を立ち上げるに際しては、教育委員会の意見を聞くことが求められています。大分県では、大分大学が教職大学院を設立するに際し、大分県教育委員会・大分大学間で相当回数に渡り継続的に協議を行ってきました。その協議の中で、学部段階を含め、大分県教育委員会が求めるものと大分大学の教員養成の方向性のベクトル合わせを行うとともに、教育委員会から大学の教育内容について様々な要望をし、その多くを反映して頂きました。

今後、教職大学院の設立を良い契機として、教育委員会と大学が、大分県の教育課題についての共通理解を深め、協働して取り組むことで、教員の指導力を一層高めていくことが期待されます。

第五章　グローバル人材の育成

～グローバル社会を生きるために必要な「総合力」の育成～

検討開始

大分県に出向した時から、取り組んでみたいと思っていたテーマがありました。それは、グローバル人材の育成です。一つには、国全体で、グローバル人材の育成にこれまで以上に取り組み始めたということがあります。例えば、26年度の文部科学省予算では、「未来への飛躍を実現する人材の養成」として、スーパーグローバルハイスクールの指定や海外留学支援制度の創設などが進められました。また、大分県には、立命館アジア太平洋大学（ＡＰＵ）があり、せっかくのポテンシャルを活用しないともったいないという思いもありました。

「グローバル人材」という言葉が、よく分からないなあということも感じていました。テレビでも新聞でも、「グローバル人材」という言葉が頻繁に登場し、流行り言葉のようになっているのに、それがどういったものなのか明らかでないまま言葉が一人歩きしている印象がありました。グローバル化ということに正面から向き合わなければいけないのであれば、大分県として「グローバル人材」をどう捉え、どう育成していくのか、一つの回答を出しておいた方がいいのではないかと考えていました。

また、何より大きかったのは、自分自身の体験です。これまで、小学校時代の1年半と留学時代の1年半、合計3年間をカナダで暮らし、その合間合間にもバックパックを背負って海外旅行に行ったりしてきました。その中で、日本にはない環境に身を置いて、違った感性を持った人と友達になったり英語でコミュニケーションを取ったりすることが、いかに面白く自分を成長させてくれるものか、身をもって体験してきました。ただ、そういった経験をするには、そういった環境や勇気が必要です。私は、たまたま父親の仕事の関係でそのような機会に恵まれ、外国人と話すことへの恐怖心もあまり感じることなく生きてこられましたが、日本の多くの子どもはそうではありません。できることならば、大分県の子どもたちに、そのような機会が与えられる取組を作りたいと思っていました。

そういった思いを持ちながらも、「芯の通った学校組織」だけでも大変なのに、新しいテーマに手を伸ばしていいものかと思いました。ただ、「芯の通った学校組織」の取組が進んでいく中で、「マネジメントは分かったが、教育の中身は？」という問いに県教育委員会として十分回答を持っていないのではと思い始めました。そして、グローバル人材の育成というテーマは、その問いに答える格好の切り口のように思えました。

25年の秋に、グローバル人材の育成に取り組みたい旨、横にいた参事に告げました。「またですか」と思ったかもしれません（笑）。教育長も賛成してくれ、教育改革・企画課を中心に、義務教育課、高校教育課などを加えた庁内検討会議を立ち上げたのが、25年9月のことです。

状況の把握

はじめに行ったのは、アンケートの実施です。「ふわふわ」したグローバル人材というテーマに輪郭を与えるためにはデータが必要だと考えたからです。企業、保護者、学校を対象に行ったこのアンケートから、色々見えてくることがありました。例えば、大分県の企業の過半数が、グローバル人材が現在あるいは将来必要と考えていて、また多くの企業はそのような人材を日本人の中から採用したいと考えています。

　また、高校生の約40%、保護者の約60%が、学校生活の中で留学や海外に行って学ぶ機会が必要と考えている一方、実際に留学している高校生の数は

企業対象アンケート

グローバル人材は貴社にとって必要だと考えるか

上記で①または②と回答した場合、グローバル人材をどのように確保したいと考えますか

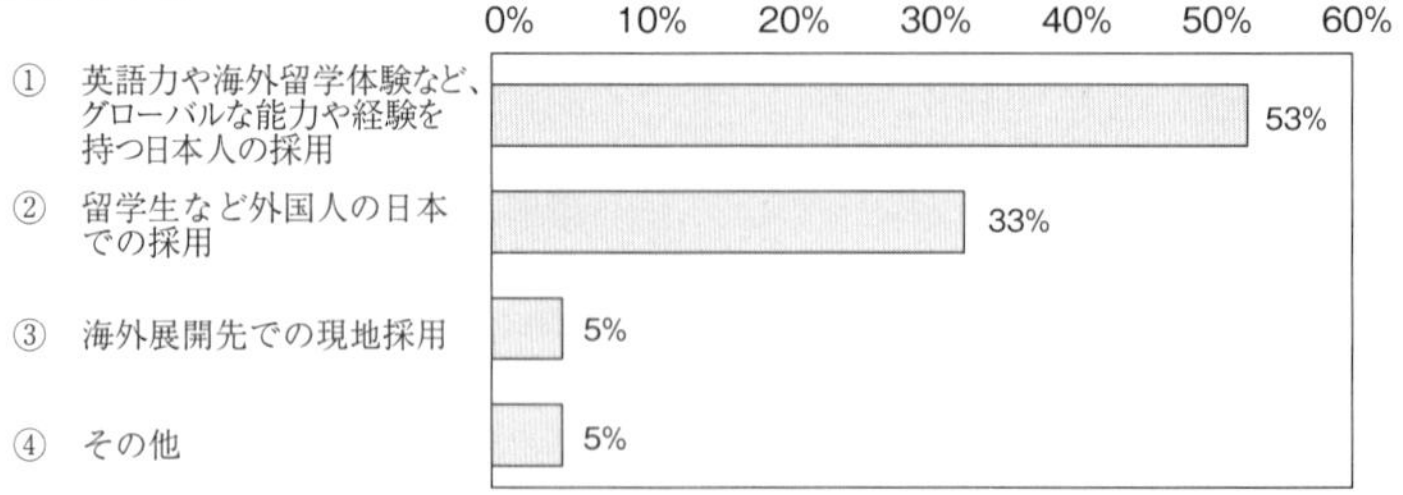

わずか0・1%、海外大学への進学も25年度5人に止まる状態でした。同時に、海外で学ぶ機会が必要とする保護者であっても、その4分の3は、実際には「行かせる予定はない」と考えていて、その多くが、金銭面の負担を感じていることも分かりました。さらに、調査対象家庭中、約3割の家庭では英語塾に通わせるなどの対応をしていることも分かりました。これらのことは、行政が手を打たない限り、家庭の経済的格差が、子どもが国際的に活躍できる力を持てるかどうかを大きく左右するということだと感じました。

それでは、学校は企業、保護者、生徒のニーズにどう対応しているかというと、生徒の海外留学を「積極的に推奨している」高校は3校に止まり、また、生徒が海外留学を希望した際に、十分な情報提供をできるとする高校も2校に止まりました。

これらのことから、企業からグローバル人材育成に対するニーズがあり、生徒や保護者の多くも留学や海外経験への希望を持っているものの、現実にはこういった活動は低調で、金銭的な支援も学校のサポート体制も十分ではないことが分かりました。

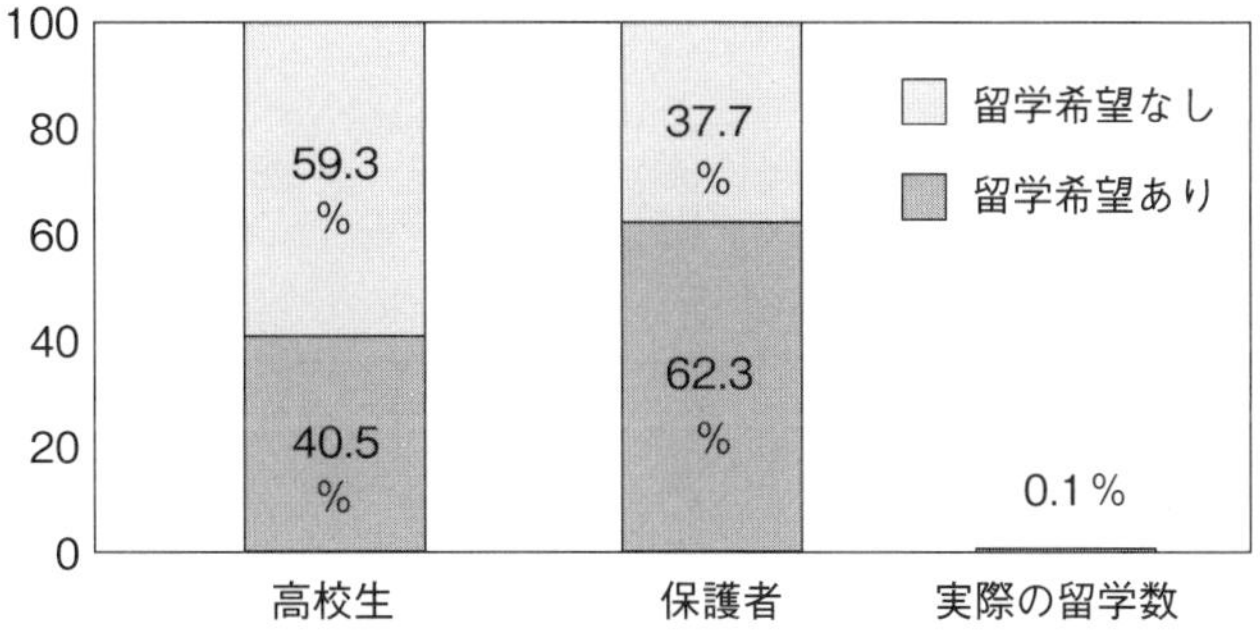

大分県グローバル人材育成推進会議

データを集め、議論の方向性を考え、「大分県グローバル人材育成推進会議」を立ち上げたのは、年度が変わって26年5月のことです。委員は、以下の方々です。

大分県グローバル人材育成推進会議委員

区分	団体名	職名	氏名
企業関係者	株式会社大分銀行	常務取締役	渡部　智弘
	三和酒類株式会社	取締役副社長	熊谷　敬造
	大分日産自動車株式会社	取締役社長	橋本　仁
	英語教室	代　表	池田　裕佳子
	独立行政法人日本貿易振興機構	大分貿易情報センター所長	松村　亮
大学関係者	大分大学教育福祉科学部	教　授	山崎　清男
	立命館アジア太平洋大学	国際経営学部長	横山　研治
保護者代表	大分県ＰＴＡ連合会	副会長	廣瀬　多賀子
	大分県高等学校ＰＴＡ連合会	副会長	渡辺　美和子
学校教育関係者	杵築市立杵築中学校	校　長	森山　聡
	宇佐市立宇佐中学校	校　長	吉村　高三
	大分県立由布高等学校	校　長	工藤　孝一
市町村教育委員会	別府市教育委員会	教育長	寺岡　悌二

※団体名及び職名は平成26年9月のもの。

民間企業の方々、大学関係の方々、保護者、校長、市町村教育長と、幅広い方々にご意見を伺う体制が整いました。協議は、9月までの間に全部で5回、後半は協議時間を3時間に延ばすなどしながら集中的に行いました。

グローバル人材の定義

会議でまず議論したのは、大分県としてのグローバル人材の定義です。この議論の中で、強く印象に残っている発言がいくつかあります。一つは民間企業の方から、

・グローバル人材とは、何より、挑戦していく人材のことだ
・語学力だけでなく、意欲のある人、やる気のある人のことだ

というコメントがあったことです。

国の報告書でも、グローバル競争が進む中、実際に日本企業が求めているのは、

> 未知の世界、時に非常に厳しい環境に、「面白そうだ」「やってみたい」という気持ちで、積極的に飛び込んでいく前向きな気持ち、姿勢・行動力を持っていること。そして、入社後に一皮、二皮剥けるため、「最後までやり抜く」「タフネスさ」があること。しっかりと自分の頭で考え、課題を解決しようとすること。

としているものがあり、「グローバル人材」の一丁目一番地は、「挑戦意欲」だと感じました。[1]

また、大学の教授からは、次のような発言を頂きました。

・多様性を受け入れるということは、他国には、必ず自国より優れた点があることを理解し、さらにそのことが当然と思えるようになるということ。

・ただ児童生徒と外国人の接点を増やすだけでなく、同じ年代の中で触れ合い、ぶつかり合う中で多様性を感じ取る「同じ釜の飯を食う」経験が大切だ。

グローバル人材というとどうしても戦う企業人のイメージが強いですが、その根幹は、人を受け入れる力や、人間性への深い理解ではと感じました。

　はっとさせられたのは、保護者や英語塾の先生から、

・学校で子どもは規則ばかりに縛られている。そもそも挑戦させようとしていないのではないか。

という意見があったことです。カナダから日本に帰ってきた時に、日本の学校に対して感じた窮屈さを改めて思い出し、教育を志した原点に立ち戻らせてもらったように思いました。

　郷土についてよく知ることが大事だというご意見も頂きました。大分県の著名人について知らないまま大人になるケースが多く、伝記などを通して郷土愛を自然に持つようになることが重要といったご意見です。子どもが郷土のことを学び、その良さも課題も感じることは、地域の活性化のためにも大事なことだと思います。

　私が、特に重要と考えているのは、論理的に考え相手に伝えるコミュニケーションスキルです。価値観が異なる多様な人が集まる場合でも、論理の筋道をしっかり表現できれば、理解され協働していくことができます。ただ、日本は、明示的に表現しないでも「わかりあえる」社会なので、日頃の会話で論

理的に表現する訓練がされにくく、学校の中でそのスキルを育む必要があると思うのです。

今後、日本内外で働くに関わらず、外国人とやりとりをする仕事が増えていく中で、チャンスを逃さないようにするためにも、英語力が重要な素養になることは間違いありません。

会議の協議を経て決まったのは、下記の、「大分県におけるグローバル人材の資質・能力」の定義です。

これからのグローバル社会を生きる大分県の全ての子どもたちが、未来を切り拓いていく上で、5つの力の「総合力」が必要で、その素地を学校、家庭、地域の教育の中で培うことが必要だとされました。

プランの概要（Ⅰ〜Ⅲ）

これらの5つの力の「総合力」を伸ばすため、会議での協議をふまえ、27年度から3年間にわたって取り組む内容をまとめたものが、「大分県グローバル人材育成推進プラン」です。

プランには充実した取組が幅広く書かれていて、27年度は、大分県の教育にとって「グローバル人材育成元年」になると期待しています。

大分県におけるグローバル人材の資質・能力

世界に挑戦し、多様な価値観を持った者と協働する基盤となる

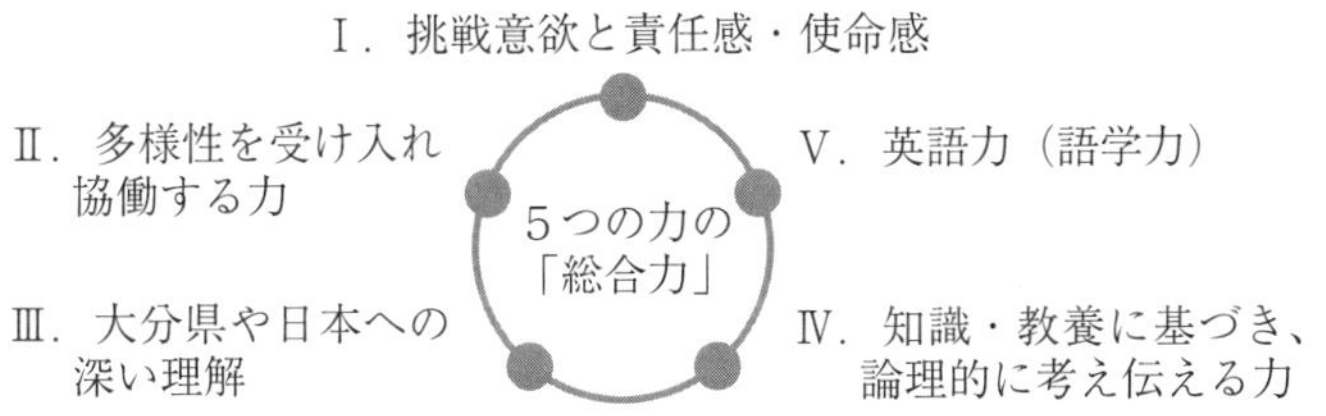

５つの力の「総合力」によるグローバル人材の育成

Ⅰ　挑戦意欲と責任感・使命感

【現状・課題】

○海外への挑戦意欲が高くない
・将来留学したり国際的な仕事に就いてみたい小中学生：３割
・留学に前向きな高校生：４割
○留学や海外大学進学実績が低調(H25)
・留学している高校生は０．１％(31人)
・海外大学への進学は５人
○留学や海外大学進学へのサポートが十分でない
・留学の壁は、①言葉の壁、②経済的負担、③留学方法等への不安感
・積極的に留学を推奨する高校は３校のみ
・海外大学進学への情報提供ができる高校が少ない

【取組】

○「人材バンク」の設置によるグローバル人材に触れる機会の充実
○留学フェアの開催や留学ガイドの作成等を通じた、生徒、保護者、教員への情報提供の充実と気運の醸成
○海外大学進学への相談体制の整備
○国の留学支援事業の一層の活用を含め、留学への経済的な支援の充実

Ⅱ　多様性を受け入れ協働する力

【現状・課題】

○国際交流活動はある程度行われているが、頻度や継続性等に課題
・過半数の小学校で、ＡＰＵの留学生等と国際交流を実施
・国際交流を行っている高校は1/3、海外修学旅行は５校に止まる（H14の21校から大幅減少）
・単発的な交流が多く、一定期間共に過ごす機会の充実が必要
○ＡＬＴの一層の活用
・学校行事など授業以外での活用は、毎週から年数回まで様々

【取組】

○国際交流活動の市町村教委間での情報共有の推進
○小中学生を対象としたイングリッシュキャンプの継続的実施
○県立学校での海外姉妹校協定の締結など国際交流の推進
○留学生活用を軸としたＳＧＨの教育プログラムの普及
○ホームステイ受入活用策の検討
○国際バカロレア認定への研究
○異文化理解の推進の観点からのＡＬＴの活用

Ⅰ、Ⅱにより、一定の期間、継続的に外国人と一緒に活動した経験がある生徒を倍増。

Ⅲ　大分県や日本への深い理解

【現状・課題】

○郷土学習の一層の充実
・郷土の先人や芸術,歴史遺産などを知る機会を増やす必要
○考え伝える活動を通じた理解深化
・県や日本の課題の解決方法を考え、他者に伝える機会を増やす必要

【取組】

○郷土の先人に関する教材の作成や活用等による郷土学習の充実
○郷土の歴史遺産、史跡等に触れ学ぶ機会の充実
○海外姉妹校との交流等の中で、郷土や日本についてプレゼンテーションする機会の充実

Ⅳ　知識・教養に基づき、論理的に考え伝える力

【現状・課題】

○小中：授業改善が行われつつあるが、より一層の改善を進める必要がある。特に、中学校での思考力を伸ばす指導に課題。
○高：思考力・判断力・表現力等を育成する授業への組織的取組が、小中高で最も低い。

【取組】

小中：「新大分スタンダード」のもとでの継続的な授業改善の推進
中：全教科、全教員を通じた、思考力・判断力・表現力と学習意欲を高める学校改善の推進
高校入試改革
高：「授業改善推進プラン」を作成し授業改善を計画的に推進

Ⅴ　英語力（語学力）

【現状・課題】

○英語の授業が分かる、英語が好きと答える生徒が少ない（他教科より低い）。
・分かる：中学生57%、高校生44%
・好き　：中学生54%、高校生40%
○英語教員の外部資格保有が不十分
○英語教育の改善方策が明確でない

【取組】

○「大分県英語教育改善推進プラン」の策定及びプランに基づく改善
・プラン策定のため、年度内に、有識者・教員等で構成する「英語教育改善推進委員会」を設置。

世界に挑戦し、多様な価値観を持った者と協働する基盤の育成

まず、「Ⅰ．挑戦意欲と責任感・使命感」「Ⅱ．多様性を受け入れ協働する力」では、留学や国際交流の推進、ホームステイ受入の活用などを謳っています。具体的には、27年度には大分県ではじめて県単独で留学を支援し、国からの予算も含め、10人の長期留学（1年程度）、40人の短期留学（2週間以上）に対し、総額700万円の支援が行われることになっています。また、留学フェアを開催したり、グローバルに活躍する人を紹介する「人材バンク」を設置したりすることを通じて、海外への挑戦意欲を高めていきたいと思っています。さらに小中学生を対象としたイングリッシュ・キャンプの実施や、県立学校での海外姉妹校協定の締結などを通じて、国際交流の機会も充実させたいと考えています。

プランでは、こういった取組などを通じて、

> これからの3年間の間に、一定の期間（2、3日以上）、継続的に外国人と一緒に活動した経験がある生徒を倍増させること

を目標としています。26年9月に高校3年生に聞いたところ、このような経験がある生徒は約18％でした（この7割以上が高校の海外修学旅行です）。これからの3年間でこの割合が40％近くになり、いずれは、こういった経験を高校卒業までの間に持つことが当たり前という状況が作られればいいなと思っています。

また、「Ⅲ．大分県や日本への深い理解」では、郷土の先人に関する教

大分上野丘高校のSGHの取組

材の作成やその活用などを進めることにしています。例えば、郷土の発展に尽くし伝統と文化を育てた先人について、ホームページなどを通じて県民に募集し、教材にするなどの取組を進めています。

実は、グローバル人材の育成というテーマについては、他県でもすでに取り組んでいたり、取組を始めていたりしています。例えば、広島県では、「広島版『学びの変革』アクション・プラン」が、秋田県では「あきた発！英語コミュニケーション能力育成事業アクションプラン」が作られ、26年3月現在、4県で、グローバル人材育成を担当する県庁内組織が立ち上げられています（大分県でも27年度から、こういった組織が立ち上がる予定です）。特に広島県では、全県立学校97校が海外校と姉妹校協定を結んでいて、お互いに行き来したりしています。

26年度に広島県にお邪魔して、高校での国際交流の様子を見させてもらったことがあります。その時一番感じたのは、「継続は力なり」ということです。この高校は、23年にホノルルの学校と姉妹校協定を結んでいて、10名ほどの生徒を毎年11月に一週間受け入れています。そうすると、日本の生徒には、「11月にはホノルルから同級生が来る。その時のために、こういうことを英語で話せるようになっておこう」という気持ちが生まれます。実際、交流を始めてから英検合格人数が増えているとのことでした。大分県でも、多くの子供達が外国人と「同じ釜の飯を食う」ような経験を通じて大きく成長する機会がたくさん生まれればいいと思っています。

さて、プラン中、「Ⅳ．知識・教養に基づき、論理的に考え伝える力」、「Ⅴ．英語力（語学力）」については、明らかになりつつある日本の教育全体の動きと密接に関わる論点です。これらについては、次章で触れることにします。

1　雇用政策研究会（２０１２年）『「つくる」「そだてる」「つなぐ」「まもる」雇用政策の推進』28ページより

第六章　２０２０年に向けて

２０２０年

いきなりですが、今から6年後、２０２０年（平成32年）はどういう年になるでしょう?

まず、思い浮かぶのは、東京オリンピックの開催です。ロゲ会長が「Tokyo」と言ってくれたのが、２０１３年の9月。それからすでに1年半が経ち、開催に向け、着々と準備が進められているようです。大分県教育委員会では、「世界に羽ばたく選手の育成を」ということで、ジュニア期からの発掘と育成を進める取組を始めつつあります。取組が実を結んで、多くの大分県の選手が、東京オリンピックで活躍することを期待しています。また、オリンピックは、「平和の祭典」です。各国の競技力を競うこととともに、スポーツを介して各国の人が集い交流する中でお互いを深く理解することが、オリンピックの目的ですし、そういった交流の機会が数多く生まれていくと思います。そういう意味で、２０２０年、また２０２０年に向けた6年間は、日本が世界に対して一層開いていくグローバルな空気に満ちた期間になるのではと思います。

さて、実は、オリンピックと並んで、２０２０年に教育界に大きな転機が訪れることが明らかになっています。大学入試センター試験の廃止と、新たな大学入学試験の始まりです。この新しい大学入試は、

「新大学入学希望者学力評価テスト（仮称）」と呼ばれています（以下、「新大学入試」）。２０２０年の冬に始まる予定なので、夏のオリンピックの熱狂が終わると、今度はこの新大学入試関連のニュースが新聞を大きく飾ることになりそうです。

国の中央教育審議会の答申によると、新大学入試の特徴は次のようなものとなりそうです[1]。

まず、現行の大学入試センター試験はマークシート方式で行われていますが、新大学入試では、記述問題が導入されます。また、国語、数学など教科ごとの問題に加えて、複数の教科・科目を横断的・総合的に組み合わせた「合教科・科目型」「総合型」の問題が出題されます。最も大きな変化は、入試を通じて評価する生徒の力の中身です。大学入試センター試験は、「知識・技能」を中心に評価してきましたが、新大学入試では、「思考力・判断力・表現力」、答申の言葉を正確に引用すると、

> 「知識・技能を活用して、自ら課題を発見し、その解決に向けて探究し、成果等を表現するために必要な思考力・判断力・表現力等の能力」

を中心に評価するとされています。例えば、「合教科・科目型」「総合型」の問題では、コミュニケーション力や論理的思考力、答えのない問題に答えを見出す力などが問われることになりそうです。

英語の試験についても大きな変化がありそうです。大学入試センター試験ではマークシート＋リスリングにより、「読む」力と「聞く」力が評価されてきました。これに加え、記述式の問題や民間の資格・検定試験を活用して、「書く」力と「話す」力についても評価するとされています。

答申の中では、国立大学の2次試験や私立大学の入試など、各大学が行っている個別の大学入試についても改革を求めていて、知識重視の画一的な一斉試験や、学力不問のAO入試・推薦入試を改め、小論文、集団討論、調査書、各種大会での顕彰の記録などを使って、新大学入学試験の成績と併せて評価することで、生徒の「主体性・多様性・協働性」を評価することが提案されています。

どうして、このような大学入試改革が行われることになったのでしょうか？　少し回り道になりますが、大分県で私が行った「挟撃の高校」という講演をご紹介して、個人的に思っていることを少し述べたいと思います。

挟撃の高校

平成26年の6月に、高校の校長・教員の勉強会（高教研）に呼ばれ、講演をしました。その時の題が「挟撃の高校」です。お分かりになる人も多いかと思いますが、これは、大分県出身の漫画家諫山創氏の「進撃の巨人」を少し文字らせてもらったものです。「挟撃の高校」は、次のような講演です。以下、講演調でお届けします。

まずみなさん、下のグラフが何だかお分かりになるでしょうか？[2]

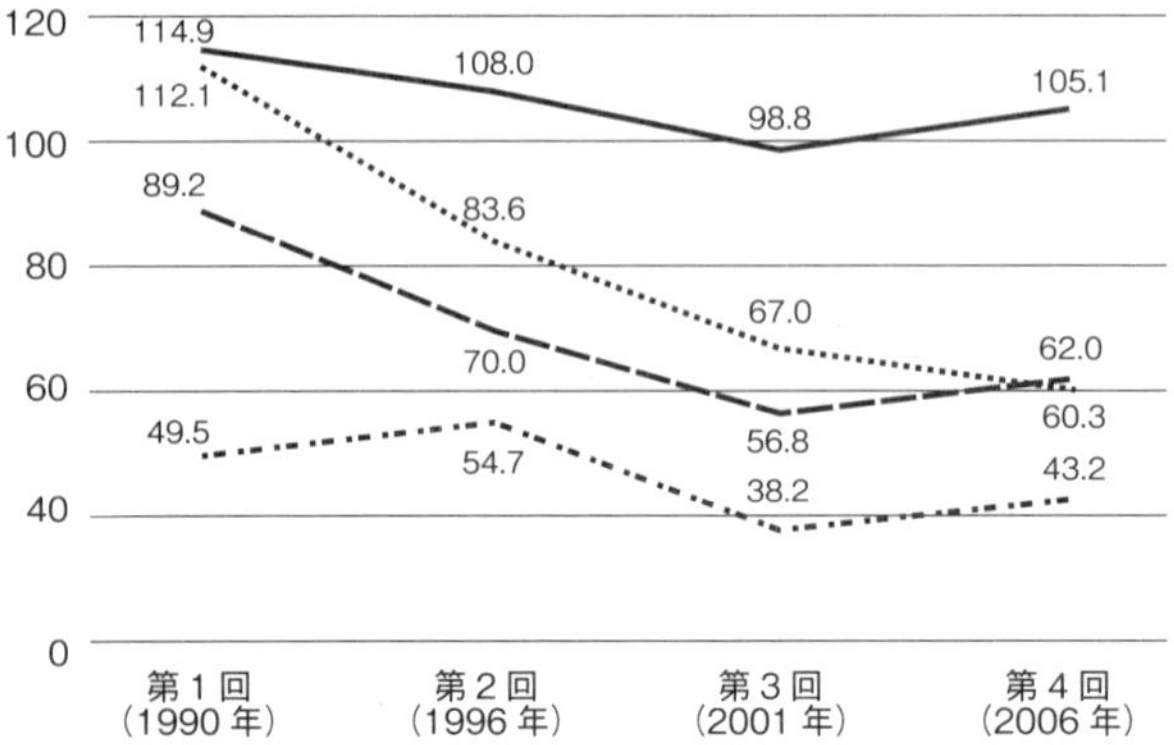

これは、高校生（普通科）の平日の学校外での学習時間です。塾や予備校での勉強や、家庭教師について勉強する時間も含んでいます。例えば、一番上の折れ線グラフに含まれる２００６年の生徒は、平日に１日平均１０５分勉強しているということです。それでは、それぞれの折れ線グラフは何を指しているでしょうか。これは、偏差値による分類で、一番上の実線が偏差値55以上、次の破線が55～50、その次の破線が50～45、一番下の破線が45未満となっています。このグラフから顕著に分かるのは、学力の中間層（中間の２つの線、偏差値55～45）の高校生の学習時間が、大幅に減少してきたことです。実際、このような実態を裏付けるように、高校の教員の８割以上が生徒の学習意欲が低いと捉えています。[3]

　どうして、高校生の学習意欲は下がったのでしょうか。一般には、受験圧力が低下したからだとされています。少子化の進行で、学校を選ばなければいずれかの大学には入学できるという「大学全入」の状況を迎え、大学は、入試の教科・科目を減らしたり、学力試験を課さない推薦入試やＡＯ入試を増加させたりすることで、どうにか入学者を確保しようと

高校教員の捉え（2010年）

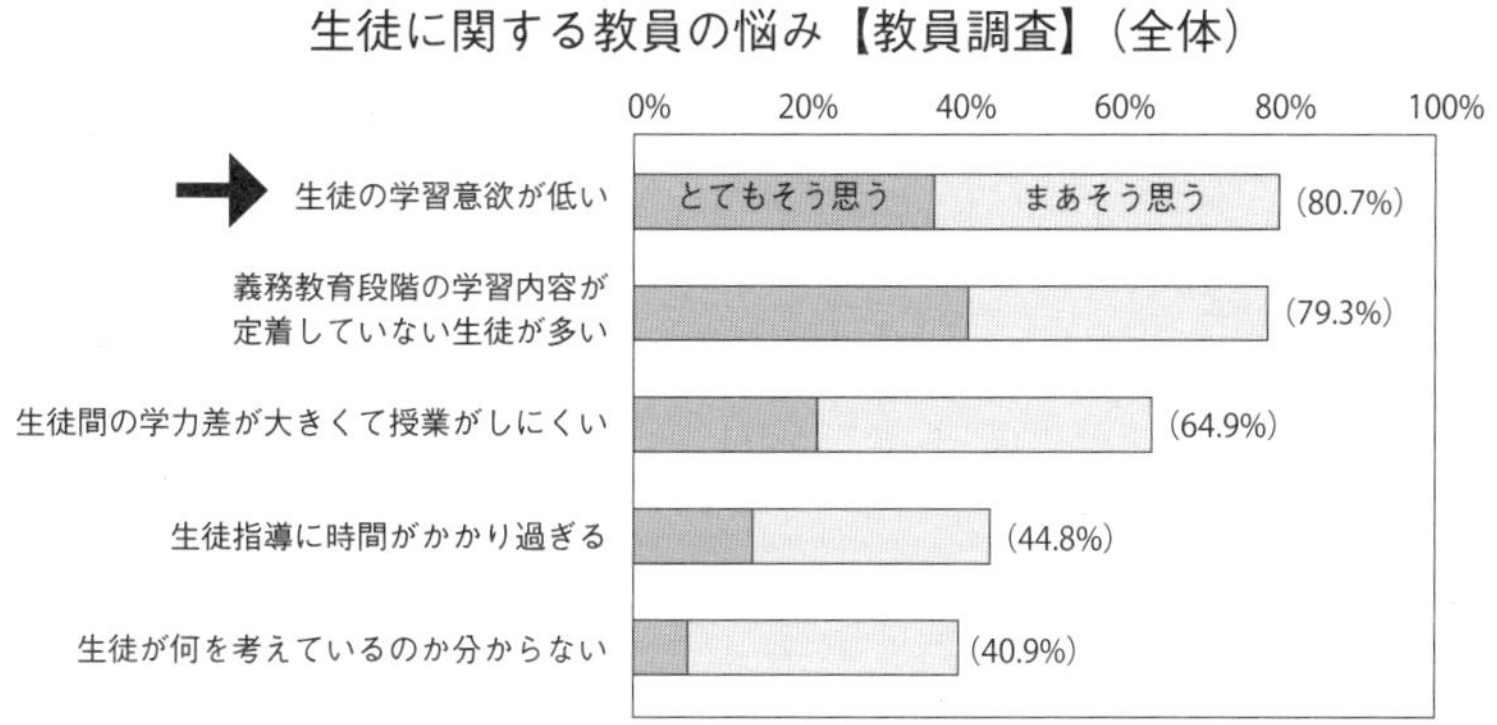

注１）教員の悩みについてたずねた15項目のうち、生徒に関する５項目のみを示した。
注２）（　）内は「とてもそう思う」+「まあそう思う」の％

しています。要は、そんなにがんばらないでも大学に入れる状況が生まれているということです。

高校生の学習意欲低下の大きな理由が、受験競争の緩和にあるのは間違いないと思います。他方、私は、そういう捉えだけでいいのかという疑問を持っています。本来、学校は、生徒に学ぶことの意義や面白さを伝えて、生涯にわたり学び続ける素地を作る役割を持っているはずです。特に、これだけ変化が激しい社会の中では、学ぶことの意義や面白さを知り、自ら考え学ぶ習慣が身に付いていなければ、時代に取り残されてしまいます。

それでは、高校は、生徒の自ら考え学ぶ意欲を高めることができているでしょうか。

グラフ1は、２０１０年に、小・中・高の教員に対し、心がけている授業時間の使い方・進め方を聞いたものです[4]。これによると、教員から解説する時間については、高校教員の意識が最も高く、次いで中学校、小学校となっています。他方で、児童生徒が考えたり話し合ったりすることや、児童生徒に発言させたり発表させたりすることへの意識は、小学校で高く、中学校、高校と落ちていきます。このような教員の意識は、子どもの意欲に大きな影響を与えています。子どもたちに、好きな学校の勉強方法を聞いたところ（グラフ2、２００６年）、先生が黒板を使いながら教えてくれる授業は、小中高校生ともに好きなのに対し、「グループで何かを考えたり調べたりする授業」、「自分たちでテーマや調べ方を決めてする授業」、「考えたり調べたりしたことをいろいろ工夫して発表すること」については、いずれも小学生の多くが好きだと回答していたのが、中学生、高校生となるにつれて好きではなくなっていきます。これらから、小中高と教員からの解説中心の受け身の授業になっていくにしたがって、子どもの考えたり調べたり発表したりする意欲がどんどんしぼんでいっていることが分かります[5]。

グラフ１　教員が心がけている授業時間の使い方・進め方

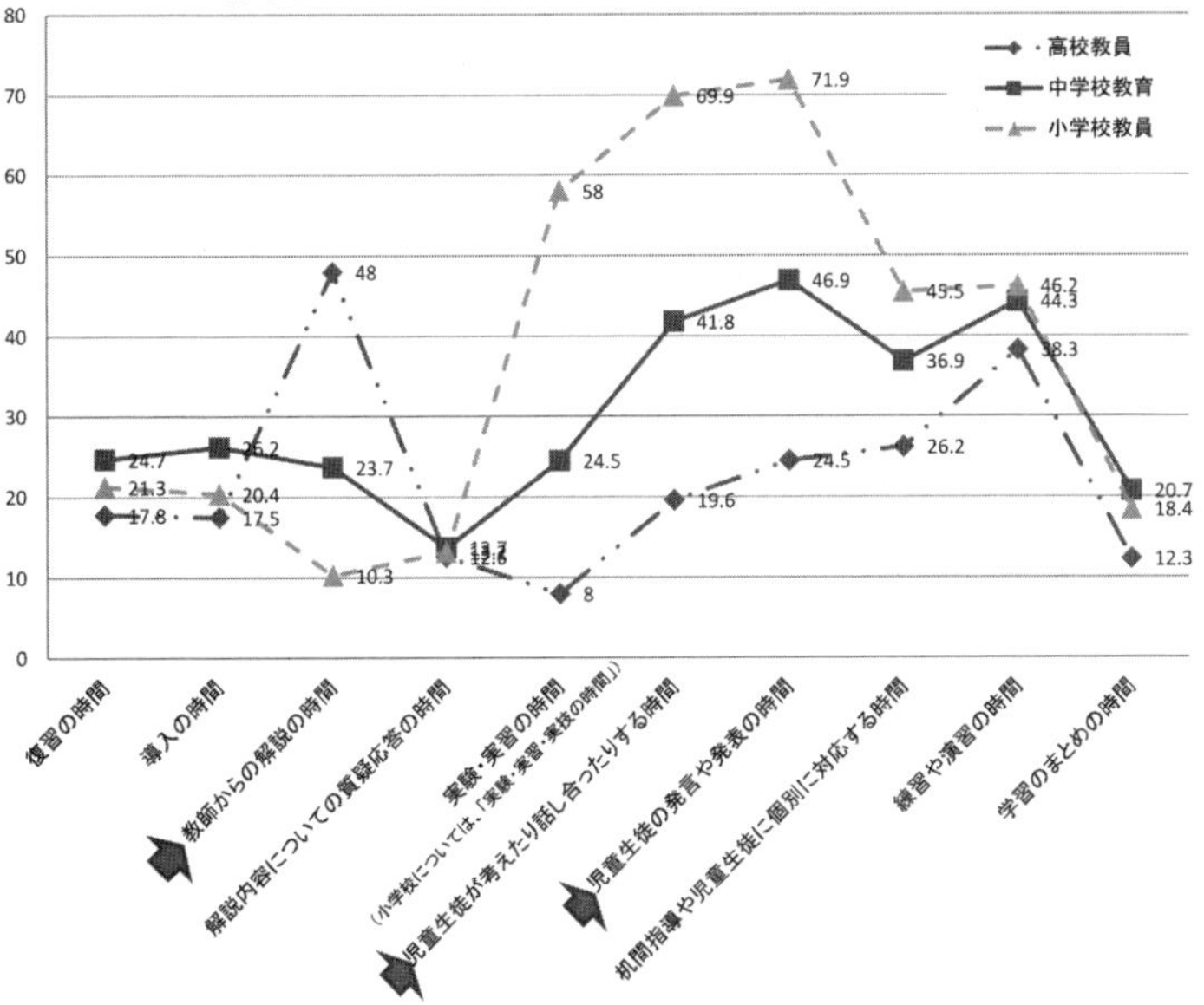

グラフ２　児童生徒の意識：好きな学校の勉強方法

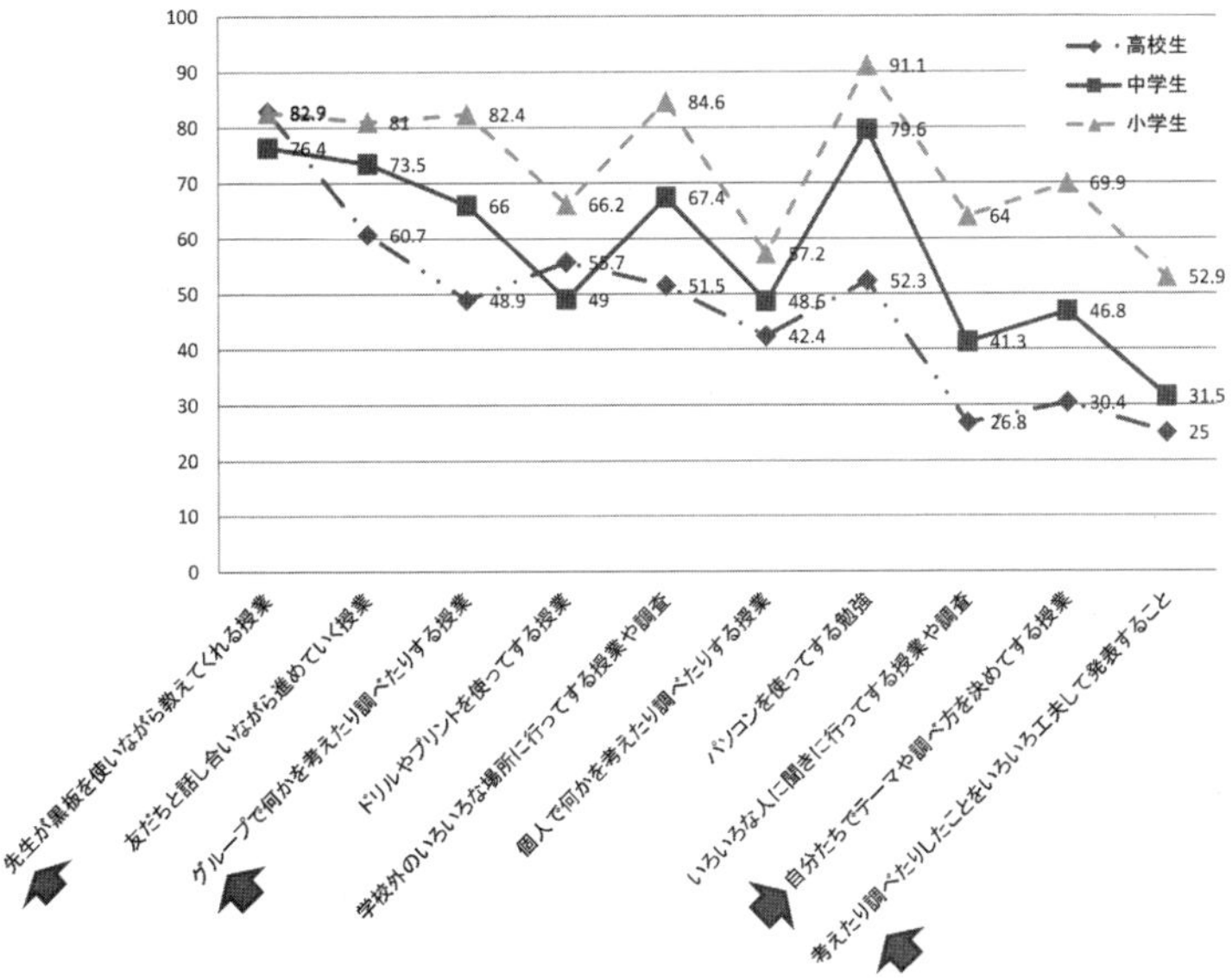

私は、これが高校生の学習意欲が低い理由の一つだと思っています。生徒に考えさせ、意欲的な学びを引き出す授業ではなく、教員が一方的に知識を伝達し演習問題をするような授業になってしまっているのではないかということです。

学んだことをもとに話し合ったり自分で調べたりという機会があると、好奇心が刺激され、学ぼうとする気持ちが高まります。他方、一方的に知識を与えられ覚えるだけの学習では、「受験で必要なことだけすればいい、必要ないなら勉強しない」となってしまうのも無理からぬことのように思います。

学習意欲が高まらないことに加え、さらに大きな問題があります。それは、受け身の授業では、学んだ知識をもとに考えたり表現したりするスキルが高まらないということです。知識を得るだけでなく、考え表現する機会があることで、知識を自分なりに整理して判断する力や、伝える力が付いていきます。受け身の授業では、そういった力を付ける機会が与えられず、学力の重要な要素である「思考力・判断力・表現力」が高まっていきません。

現在、小中学校では、「基礎的・基本的な知識・技能」、「思考力・判断力・表現力等」の双方を求める全国学力調査のインパクトもあり、グループで話し合ったり、調べたこと考えたことを発表し合うなどの言語活動を通じて、子どもの活用力を高める授業改善が進められつつあります。また、大学においても、グループディスカッション、ディベートなどを活用したアクティブ・ラーニングを進める取組が活発化しています。また、思考力・判断力・表現力を一層求める方向で大分県の高校入試を改革しましたし、２０２０年には大学入試も同じ方向で変わろうとしています。

それでは、高校の授業はどうでしょうか？　子どもの学習意欲と思考力・判断力・表現力を高める流れを、高校が堰き止めていないでしょうか？　高校は、左から小中学校での授業改善と高校入試改革、右から大学のアクティブ・ラーニングと大学入試改革の間で、「挟撃」に合っていることを理解しているでしょうか？

以上が、「挟撃の高校」の講演の内容です。[6]

新大学入試の意図

一般に、小中高大の16年間の中では、義務教育段階で基礎・基本的なことを学び、高校・大学と上がっていくに連れて、より高度なことを学ぶと考えられています。成長していくにつれて、様々な経験をし、視野が広がり、知性も高まっていく以上、当然そうなるべきです。しかしながら、実際の教育現場では、必ずしもそうなっていないように思います。確かに、教えられる知識は、小中高大と難しくなっていきます。他方、人と関わりながら課題を解決していくための思考力・判断力・表現力を高める学習については、さきほどのグラフにもある通り、小中高と上がるにつれて、先細りになっていきます。そして、それに伴って、子どもたちの自分の頭で考えようとする意欲も低下していっているのです。

さて、こういった問題意識を持って改めて答申を見ると、この答申が求

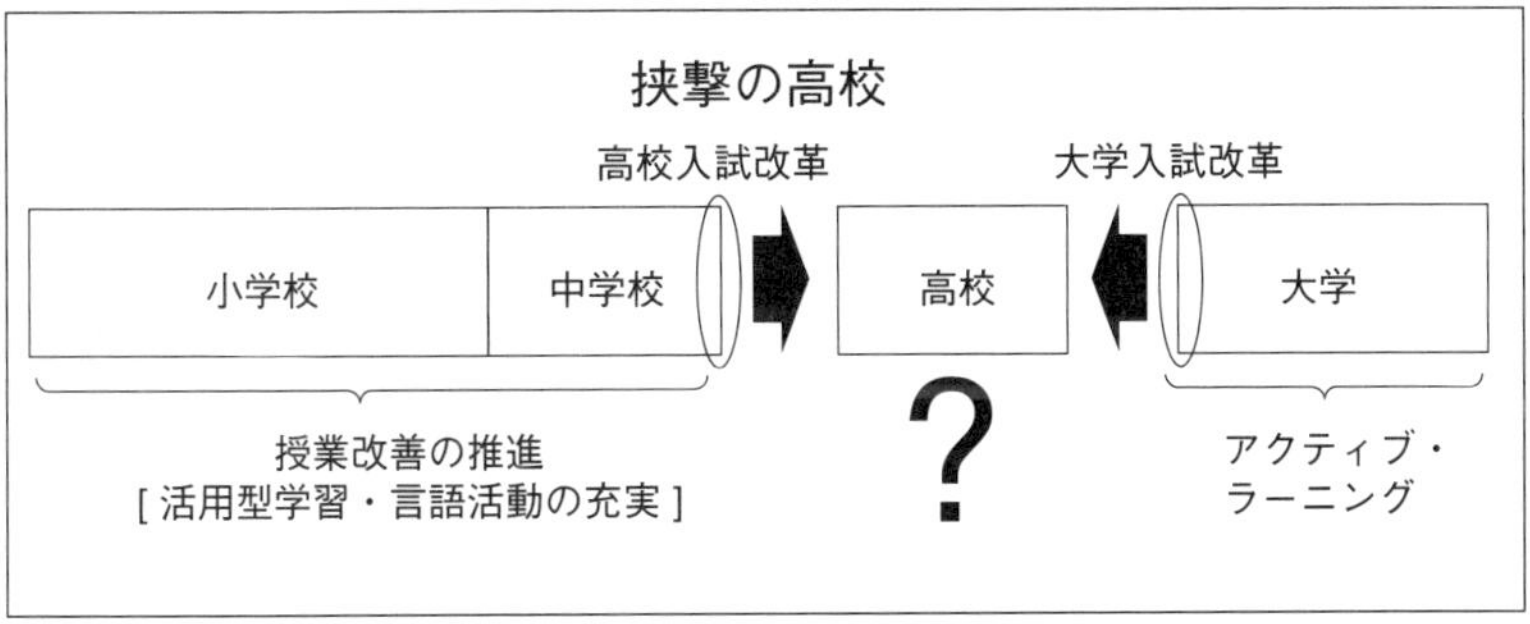

めているのは、大学入試を変えることだけではなく、授業を変えることだということが分かります。例えば、答申のタイトルの中には、「高等学校教育、大学教育、大学入学者選抜の一体的改革」というフレーズが使われていて、次のような記述もあります。[7]

> 「高大接続」の改革は、「大学入試」のみの改革ではない。その目標は、「大学入試」の改革を一部に含むものではあるが、高等学校教育と大学教育において、十分な知識・技能、十分な思考力・判断力・表現力、及び主体性を持って多様な人々と協働する力の育成を最大限に行う場と方法の実現をもたらすことにある。

記述問題を取り入れ、「思考力・判断力・表現力」を中心に評価するとされている新大学入試は、知識伝達型になってしまっている高校の授業の改善を求めることを大きな目的としたものだということです。これまで高校の授業の進め方が注目を集めることは少なかったように思いますが、２０２０年の大学入試に向けて、これから数年、高校の授業改善が全国的に大きな注目を集めることになりそうです。

「知識・技能」と「思考力・判断力・表現力」双方の育成

ここまで、思考力・判断力・表現力を育成するための高校改革をという話をしてきました。ここで忘れてはならないことがあります。それは、知識・技能なしに思考力・判断力・表現力を育成することはできず、双方の育成を同時に進めていかなければいけないということです（上記枠囲みの中にも「十分な知識・技能」、「十分な思考力・判断力・表現力」と並列に書かれています）。大切な論点だと思うので、少し長くなりますが、考えていることを述べたいと思います。

知識・技能の定着と思考力・判断力・表現力の育成の双方を同時に進めるということ自体は、実は至極当たり前のことで、難しく考える必要はないと思っています。

これまで何かを学んだ時のことを思い出してみて下さい。例えば、私がテニスを習った時、はじめはコーチからラケットの握り方や足の運び方を習い（知識）、よく分からないながらもやってみて（活用）、基本的なことができるようになると、自分でテニス雑誌を読み（知識）、ボールに回転をかけるなど少し高度なことをしてみました（活用）。そのように得た知識をすぐ使ってみる中で、何に気を付ければ的確に体を動かせるのかが分かってきました（思考力・表現力）。それにより、テニスの腕が上がり試合にも勝てるようになっていきました（課題解決力）。

また、文部科学省に入って短期間のうちに一番上達したのは、文書の書き方だと思います。はじめはまとまりのないものしか書けなかったのが、係長の文書を見ながら（知識）書いてみて（活用）、添削してもらい、改めて係長の文書を見て（知識）また書いてみる（活用）という繰り返しの中で、どういった文章がいい文章なのか判断できるようになり（判断力）、それなりの文章を書けるようになっていきました（課題解決力）。

要は、基礎的・基本的な知識・技能を知り自分なりに使ってみる、少し高めの知識・技能を知りまた自分なりに使ってみる、といった繰り返しの中で考えたり判断したり表現したりする力が付き、色々なことができるようになっていくということだと思います。逆に、テニス雑誌ばかり読んでいても（知識のみ）、知識を得ることなく我流で練習を繰り返すだけでも（活動のみ）、テニスの腕は上がりませんし、係長の文章を眺めているだけでも（知識のみ）、良い文章に学ぶことなく漫然と書き続けているだけでも（活動のみ）、文章力は上がりません。

これを学力に当てはめると、知識ばかりを詰め込んでも（知識・技能を定着させる学習）、話し合い活動ばかりをしていても（思考力・判断力・表現力を育成する活動）、知識の深まりも、思考力・判断力・表現力の高まりものぞめず、課題を解決する力が身に付かないということです。いい学びのプロセスとは、知識・技能を定着させる学習と実際に活用する活動の両方をバランスよく同時並行で行うことだと考えています。このことを図示すると、下のようになるのではと思います。

こういった学びのプロセスは、小中高どの発達段階

学びのプロセス

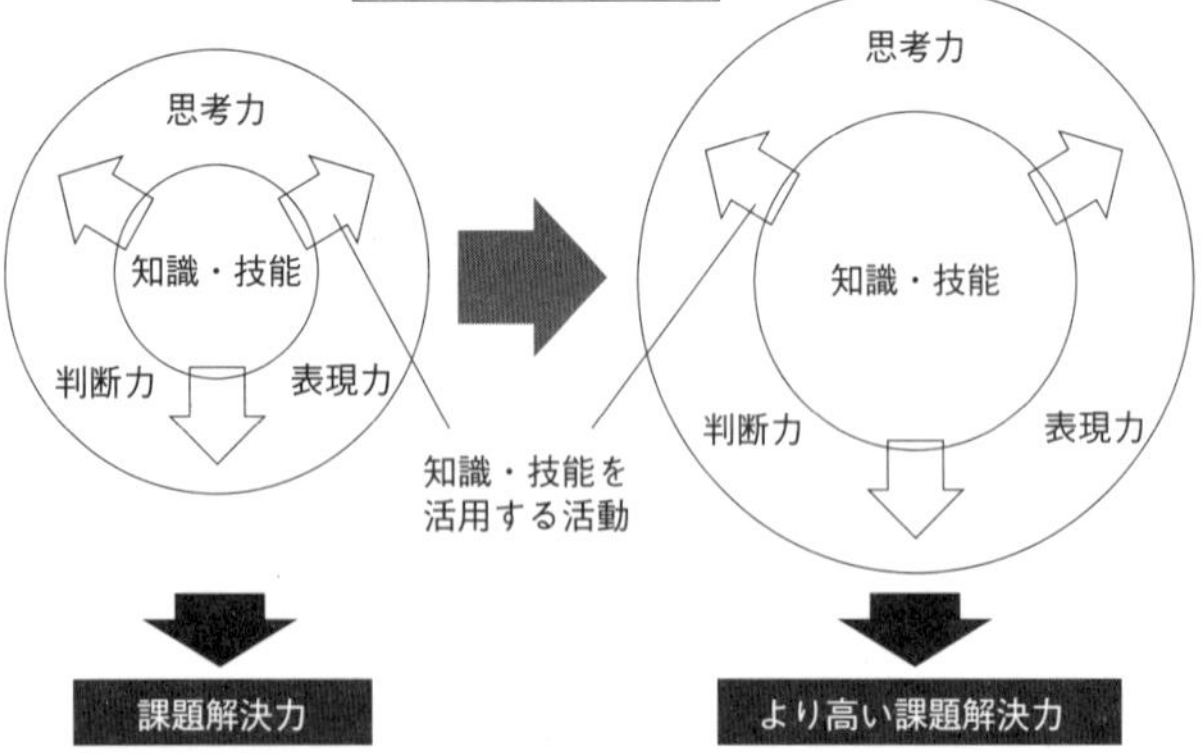

知識・技能の定着と、それらを活用する活動を通じた思考力・判断力・表現力の育成により課題解決力が付き、より高度の知識・技能の定着と、それらを活用する活動を通じた思考力・判断力・表現力の育成により、より高い課題解決力が付いていく。

でも同様で、子どもの成長のレベルに併せて、知識・技能と思考力・判断力・表現力の双方をバランスよく高めていくことにより、学びが深まっていくと考えます。時々、義務教育段階は「基礎・基本」（いわゆる「読み・書き・そろばん」）を、高校・大学で「考える力」を育てればいいではないかという議論を聞くことがありますが、そういった学び方では受け身で学ぶ習慣が付いてしまい、考える力も学習意欲もあがらず、自分で課題を解決していく力が身に付きません。小さい時から、勉強したことを自分なりに考えたり使ってみたりする学びを繰り返していくことが大切だと思います。

求められる授業像

さて、どういった学びが大切かというここまでの議論は、誰しも直感的に理解できることのように思います。簡単でないのは、こういった学習を日々の授業の中でどう実現するかということです。「十分な知識・技能」、「十分な思考力・判断力・表現力」の両方の育成をというのは分かるけれど、例えば、それを行うだけの時間が授業中あるのかということです。

その点で思い出すのは、秋田県で見た授業です。広く知られているように、秋田県は全国学力・学習状況調査が19年に再開されて以来、7年連続で全国で最も高い結果を維持しています。私は、25年11月に秋田県由利本荘市にお邪魔させてもらって授業を見ましたが、本当に感動して帰って来ました。一時間の中に、導入、学習内容を教える時間、一人で考える時間、3人で話し合いをする時間、全員で意見を共有する時間、振り返る時間といった一連の展開が全て盛り込まれています。そのテンポの良さ、メリハリ、発問の内容、学びに向かうほどよい緊張感、教員・生徒間の信頼関係、いずれも素晴らしかったからです。子どもたちは、本当に密度の濃い時間を送っているように思いましたし、そのような学び方が当たり前になっているように感じました。

この3年間、百校以上の学校で数百の授業を見てきましたが、秋田県のその授業は、今でも特別なものとして、繰り返し思い出します。逆に言えば、他のほとんどの授業については、より密度の濃い授業にする余地がまだあるということだと思います。

私は残念ながら福井県の授業を見たことがありませんが、ある県の教育長が、福井県の授業のことを「密度の濃い授業」と仰っていて、やはりいい授業というのは共通しているところがあるのだなと思いました。

もちろん、一つの授業の中だけでなく、単元（※数コマ分の授業のまとまり）を通じて知識と活用の両方を伸ばしていく単元構想を持つことはとても大事です。それでも、知識と活用の割合はさまざまあるにせよ、一つの授業の中で両方を伸ばす意識が必要だと思います。学んだことを使ってみる「学びのプロセス」が切れてしまう恐れがあるからです。また、教科の時間は「知識」を教えて、総合的な学習の時間や課題研究の時間で「活用」する活動をすればいいという発想は、明らかに違うと思います（ＳＳＨやＳＧＨを行っている学校にもそういう懸念があるように思います）。各教科の中で、各教科の特性に応じた知識・技能と思考力・判断力・表現力（読解力、統計的思考力など）の育成を図りながら、総合的な学習の時間や課題研究では、各教科で培ったそれらの力を横断的に発揮させるということでないと、総合学習の時間になって突然、「さあ課題研究をしてみましょう」と言われても、生徒は何をどう考えればいいか分かりません。

　また、そのような「密度の濃い授業」を行うための前提は、その授業の中で子どもに何を身に付けさせたいかを明確に意識していることだと思います。単に教科書をなぞるだけの授業ではなく、「この1時間の間に子どもに付けたい力は○○と○○だ」→「そのためには、授業をこう構成する必要がある」というイメージを明確にして授業を進めることではじめて、知識・技能を定着させる学習と知識・技能を活用する活動の両方を組み込んだ「密度の濃い授業」の展開が可能になります。

　このような、子どもに付けたい力を毎時間明確に意識し、知識・技能を定着させる学習と思考力・判断力・表現力を伸ばす活動の両方をテンポ良く組み込んだ「付けたい力を意識した密度の濃い授業」を積み重ねることを通じて、確かな学力を育成していくことが、学びの「王道」だと考えますし、そういった授業を行うところに、教育のプロフェッショナルとしての教員の力量が問われるのだと思います。

小・中・高の学びのプロセスの状況

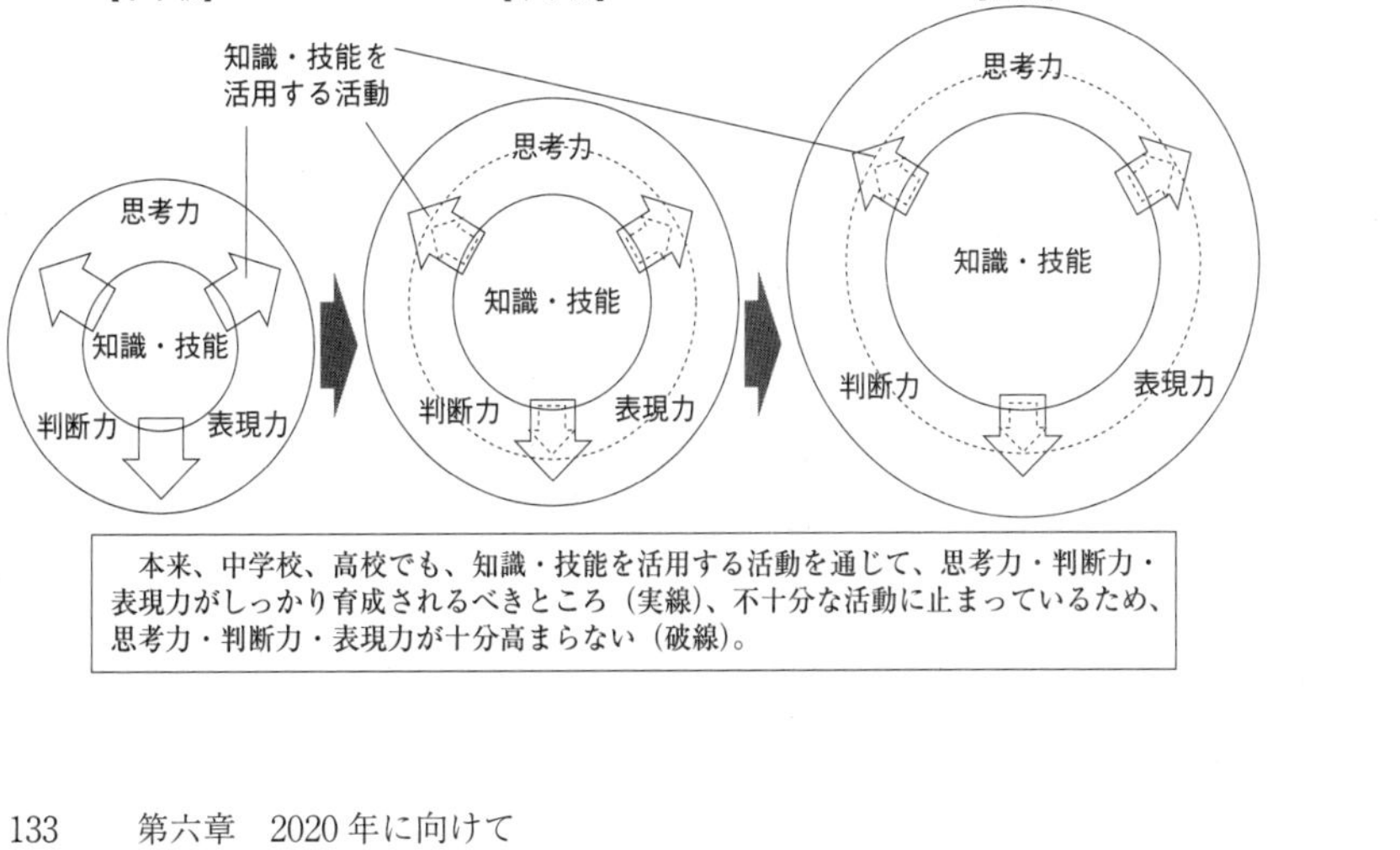

本来、中学校、高校でも、知識・技能を活用する活動を通じて、思考力・判断力・表現力がしっかり育成されるべきところ（実線）、不十分な活動に止まっているため、思考力・判断力・表現力が十分高まらない（破線）。

改めて高校の授業に戻ると、高校では、知識・技能を定着させる学習に偏りすぎ、知識・技能を活用する活動が十分でない結果、思考力・判断力・表現力が十分育成されていないということだと思います。

先ほどのモデルを使うと、前のページのように図示されることになると思います。

英語教育の改善

新大学入試では、英語についても大きな改革が予定されています。英語を受け身で「読む」「聞く」ことができるだけでなく、「書く」「話す」ことができるようになることで、自分の考えを英語で表現できるようになることが大切だという考えのもと、これら4技能全てを入試の対象とするというものです。

英語教育については、忘れられない授業が3つあります。

1つ目は、すみません、私の授業です。大分県立大分舞鶴高等学校に、26年12月17日・18日の二日間、朝から部活動終了まで終日居させてもらって、教員の日常を体験させてもらいました。その中で、人生ではじめての授業もさせてもらいました（教員免許を持っていないのでT．Tです）。2年生対象のコミュニケーションⅡの授業でした。

クラスを4人ずつの10班に分け、班毎に次の4つのテーマに沿って

舞鶴高校での授業

A：What percentage are students fully satisfied in their high school life? If there are students who are not fully satisfied, what do they think is lacking?
（高校生活に100％満足している生徒は何割か。そうでない人は何が足りないと考えているか。）

B：What percentage do students want to work in Ooita? If there are students who want to work in Ooita, why do they think so?
（就職は大分でしたいと考えている生徒は何割か。その人は、どうしてそう考えているか。）

C：What percentage do students want to work abroad? If there are students who want to work abroad,why do they think so?
（いつか海外で働きたいと考えている生徒は何割か。その人は、どうしてそう考えているか。）

D：Until what age do students want to get married? Why that age?
（何歳までに結婚したいと考えているか。どうしてその年齢か。）

英語で話し合い、結論を模造紙にまとめ、発表してもらう活動をしました。オールイングリッシュです。

私は、これまでの経験上、英会話向上の近道は、簡単な英語でいいので、頭の中を英語だけにし、会話する訓練を重ねることだと思っていて、このことを体感し理解してもらうことを授業の狙いとしました。そのため、授業のはじめには、簡単な英語だけで話すアクティビティをし、授業の間中、「Easy word で」ということを言い続けました。

授業は思った以上に順調に進んで、生徒は活発に、英語だけで考えを伝え合い、発表してくれました。授業終了後、生徒から次のような感想をもらいました。

・All English で授業と聞いてとても不安だったし難しかったが、それでも今回の授業はとても楽しかった。
・（修学旅行先の）オーストラリアでは一生懸命長い難しい英文を作って訳していたが、実際は簡単な英単語だけでもいけると思って良かった。
・文章にするのと口から出すのは全く違うことを改めて実感した。
・授業が終わったあとも英語で話そうとする気持ちが残っていて不思議だった。
・こんな授業をいつも取り入れてほしいと思った。

英語教育では4技能全ての育成が目指されています。ただ、実際に英語でコミュニケーションする際には、「聞く」「話す」「読む」「書く」の各技能を使う際の「レベル」は異なります。日本語でも、文章を書く時と話す時では、使う言葉の難しさも論理展開の正確さも大きく違うように、英会話の練習をする時は、書く時のような正確さを追及するよりも、趣旨が伝わり会話を継続できることを重視すべきだと考えます。他方、日本の生徒は、英語を話す際、間違わずに話さなければと考え過ぎ、話すこと自体をためらうようになっているように思います。その背景には、生徒に英語を話させる際どういったことを求めるのかが、教員間でも教員・生徒間でも十分明確になっていないことがあるように思います。

英会話は、頭に浮かぶ簡単な言葉から始め、徐々に使える言葉を広げ高めていくものだと思いますし、小・中・高の連携のもと、小学校からのそのような学習の積み重ねを行っていくことが必要だと思います。

2つ目の授業は、同じく大分舞鶴高校の高橋美津子教諭の授業です。高橋先生は、熱く温かい先生で、受験の前わざわざ生徒が高橋先生に檄を入れてもらいに来るくらい慕われている先生でもあります。私は1度は授業を見、1度は授業にゲストティーチャーとして参加させてもらいました。

高橋先生の授業の特徴は、「作り込まれている」ところです。独自教材を使って、文法理解やボキャブラリー習得、英語を話させる活動を一時間の授業の中でやり切ります[8]。私が、ゲストティーチャー参加した時は、自分の半生を振り返る文章を私が作り、それを高橋先生が教材化し、授業前に授業展開の打ち合わせをして臨みました。高橋先生の生徒はよく育っていて、即興で私の話への感想を手を挙げ話してくれました。

先ほどご紹介した私の授業は、英語を話す意欲を伸ばす上で大事だと思っていますが、頻繁にするものではなく数時間に1回するような授業だと思っています。会話に特化した活動だけでは、知識が定着しないからです。その点、高橋先生の授業は、使えるように知識を教える「密度の濃い授業」の好事例だと感じました。

3つ目の授業は、岐阜県立東濃実業高校の亀谷みゆき教諭の授業です。文部科学省の視学官から、日本一の英語の教員だと紹介されて見に行きました。噂に違わぬ素晴らしい授業で、何より生徒が積極的に手を挙げて英語を話そうとしている姿が印象的でした。英語を楽しく話す空気感を作り、話したいと感じるトピックを的確に設け、飽きない活動を仕組むといった工夫を、毎回の授業で行ってきたことが、そういう生徒の姿を作り出しているのだと思います。

亀谷先生の授業に加えて、岐阜県で参考になったのは、英語の授業スタイルを県内の教員の間で共有していることでした。亀谷先生の授業は、①ペアで行う「Small Talk」、②重要語句のチェックをする「Review」、③与えられた問いについての「Discussion」、④クラス全体で共有する「Report」、⑤教員から課題の指示とフィードバックをする「Wrap-up」、と進んでいきましたが、この日見た他の岐阜県の高校の授業も、基本線は同じでした。同行してくれた岐阜県の指導主事によると、県教委、高教研英語部会双方で、英語の授業の「型」を作り県内の英語の教員で共有しているとのことでした。

　また、亀谷先生からは、こういう「型」の共有に加えて、ＣＡＮ－ＤＯリストによって伸ばそうとしている力を常に確認することが大事だと伺いました。「型」だけ真似しても、目の前の生徒のどの力を伸ばすかがしっかり意識されていないと、すぐに行き詰まるとのことです。

　3つの授業を振り返る中で思うのは、一つは、生徒に何を求めるかを4技能それぞれについて吟味することが大切だということです。ＣＡＮ－ＤＯリストの取組も進んでいますが、特に「話す」技能については、生徒が臆せず挑戦できるよう、小中高それぞれの学年の段階で、生徒に求める英会話スキルのレベルを教員間で共有し、生徒に伝えなければならないと思います。

　また、大分県では一定の授業スタイルを共有することが必要だと思います。大分舞鶴高校の高橋先生の授業は素晴らしかったですが、他方その「作り込まれた」授業スタイルが大分県内、大分舞鶴高校内で共有されているかと言うと、全くそういうことはありません。英語教員がお互いに高め合う共通の基盤を作るためにも、大分県でも、岐阜県のような共通化の取組が必要ではと感じています。

大分県の今後の高校改革について

本章では、思考力・判断力・表現力を重視する方向で２０２０年に大学入試が大きく変わること、それに向けて、「付けたい力を意識した密度の濃い授業」が展開されるよう高校の授業改善を進める必要があること、特に英語では4技能それぞれの付けたい力を吟味する必要があることを説明してきました。

それでは、そのような高校の授業改革を県全体で進めるためには、具体的にはどう取り組めばいいでしょうか?

このことを考えるに当たって、第3章で示した次のモデルが一つの参考になるのではと思います。

> 1. どういった力を子どもに求めるかを、学力調査を通して明らかにすること
> 2. その力の向上のための目標意識を県を挙げて高めること
> 3. 戦略的・計画的な指導・支援により、学校の効果的で組織的な学力向上の取組を推進すること
>
> （①効果的な指導方法の浸透、②学校での組織的・協働的な取組の推進、③戦略的・計画的な指導・支援）

この3つを大分県の現在の高校の状況に当てはめてみます。

1. どういった力を子どもに求めるかを、学力調査を通して明らかにすること

現在のところ国レベルでも県レベルでも、「知識・技能」と「思考力・判断力・表現力」の両方を十分測る調査や、「話す力」を含めた英語の4技能を測る調査は行われていません。31年度（２０１９年度）から国が導入する予定としている「高等学校基礎学力テスト（仮称）」が、こういった調査となることが期待されますが、4年先の話です。

学力を測る的確な調査がない中、現在大分県では、国公立大学への入学者数を一つの（代替的な）指標としていますが、全ての生徒が国公立大学を目指すわけではありません。また、国公立大学入学者数を増やすとは、多くの場合、知識ベースのセンター試験で点を取れる力を伸ばすということであり、この指標自体、教員にとって必ずしも納得感のある指標ではありません。

ただ、県として生徒に求める力を明確にすることは重要なポイントです。このため、今後、例えば、以下のような取組を行うことが考えられると思います。

一つは、普通科高校を中心に大分県の多くの高校生が、ベネッセ社の進研模試を受けており、これを指標の一つとして活用することです。県教育委員会として模試の結果を各学校ごとに分析し、課題の状況を把握するとともに、どういった目標指標を立てるか各高校と協議することが考えられます。また、「大分県グローバル人材育成推進プラン」で育成が必要とした5つの力がどれくらい備わっているかを高校2年生に対してアンケートで聞いています。このアンケートを毎年度行い、その結果を指標として使うことが考えられます。最後に、教員の指導力の向上のためにも、高校教員により、「知識・技能」と「思考力・判断力・表現力」の双方を測る県の独自調査を作り、その結果を指標としていくことが考えられます。

いずれの方法も、行政が民間試験の結果を指標とできるか、生徒アンケートの結果のみを指標としていいか、教員が作問する時間をどう作り出すか、などの課題はありますが、課題をクリアしながら納得感のある県としての目標指標づくりに挑戦してほしいと思います。

2. その力の向上のための目標意識を県を挙げて高めること

現在、県教育委員会と各高校間で目標意識を共有し高めていくことは、十分できていないと考えています。1. で述べたように、県の目標指標が確立されていないことに加え、各高校の目標も十分焦点化されていないことが背景にあります。

県教育委員会と高校が目標意識を共有することは重要であり、今後、県教委として各高校に求めること（各高校のミッション）を明確化しつつ、各学校に、それぞれのミッションに応じた数値目標を含む改善計画（できれば数年間に渡るもの）を作ってもらい、その達成に向けて、取り組むことが必要だと考えています。その際、この改善計画の中心には、現在高校に最も求められている授業改善をどう進めるかが位置付けられる必要があると思います。

3. 戦略的・計画的な指導・支援により、学校の効果的で組織的な学力向上の取組を推進すること

県は、1. 2. の取組により、県教委、各高校の目標を明確化し、目標意識を県を挙げて高めながら、その目標の実現に向けて、戦略的・計画的な指導・支援を行う必要があります。特に授業改善は待ったなしであり、「付けたい力を意識した密度の濃い授業」の姿を県として示しながら、教員による校内の

組織的な授業改善を推進する必要があります。

授業改善に関する指導・支援や教員間の高め合いは、大分県の高校界で十分行われてこなかった試みです。大分県の高校では、それぞれの教員の独自性が強く、進研模試の結果を見て「どの教科の補習や宿題を増やそうか」という議論はしても、授業の進め方についての指摘はお互いにしないという不文律が強いように思います。そのため、授業スタイルの統一や組織的な授業改善の取組はあまり行われてきませんでした。

現在の状況

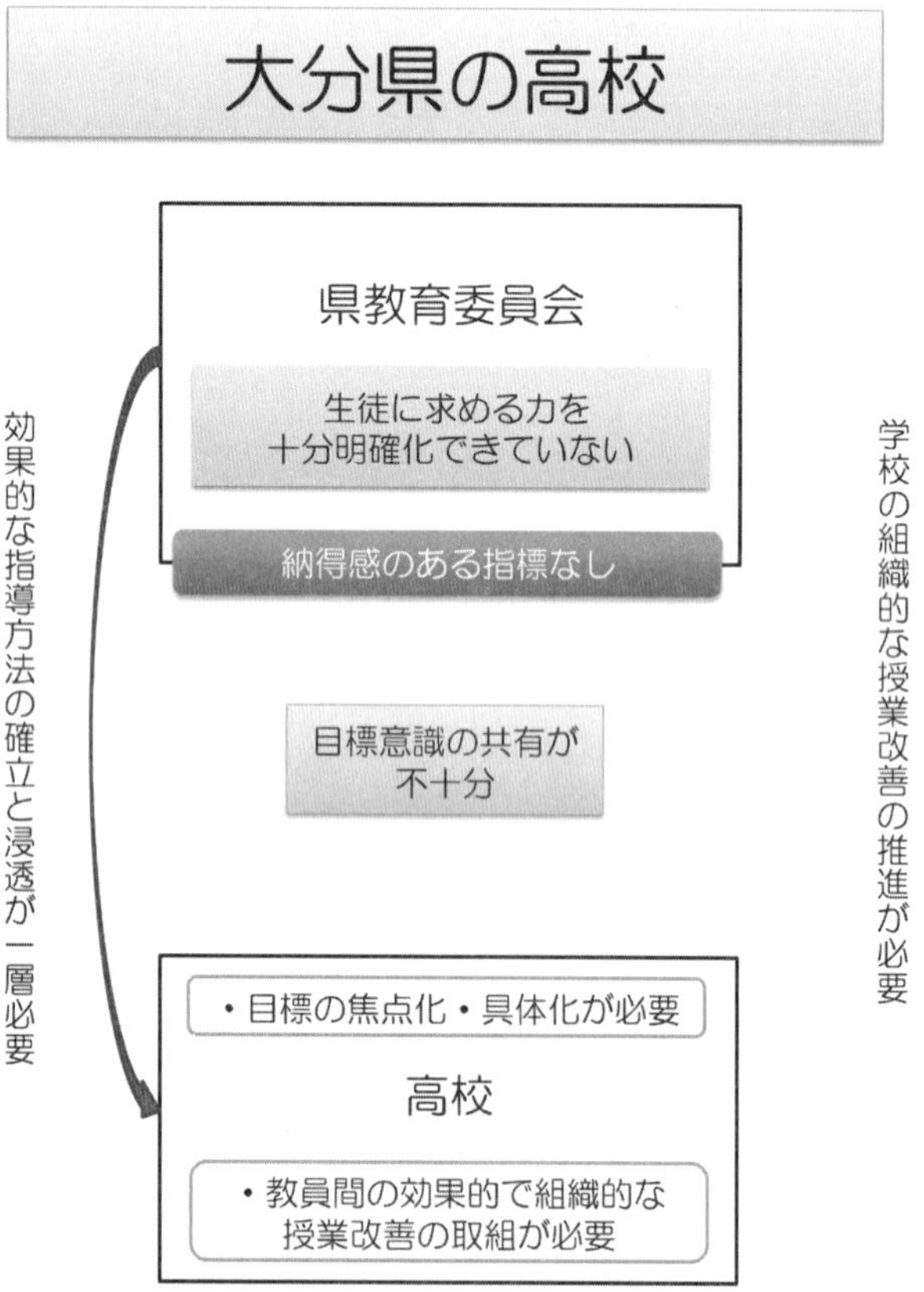

大分県の高校
県教育委員会
生徒に求める力を
十分明確化できていない
納得感のある指標なし
効果的な指導方法の確立と浸透が一層必要
目標意識の共有が
不十分
学校の組織的な授業改善の推進が必要
・目標の焦点化・具体化が必要
高校
・教員間の効果的で組織的な
授業改善の取組が必要

実際には、経験や意識の差などにより教員間の授業力に差があることは当然ですし、かつてなく高校の授業改善が求められている中、そのことを正面から受け止めて授業力を高め合う意識を持つ必要があると思います。

「大分県グローバル人材育成推進プラン」では、県教委が、「授業改善推進プラン」を作成し授業改善を計画的に進めていくことや、27年度秋までに「英語教育改善改善推進プラン」を策定することを謳っています。また、第4章でご紹

求められる施策の方向性

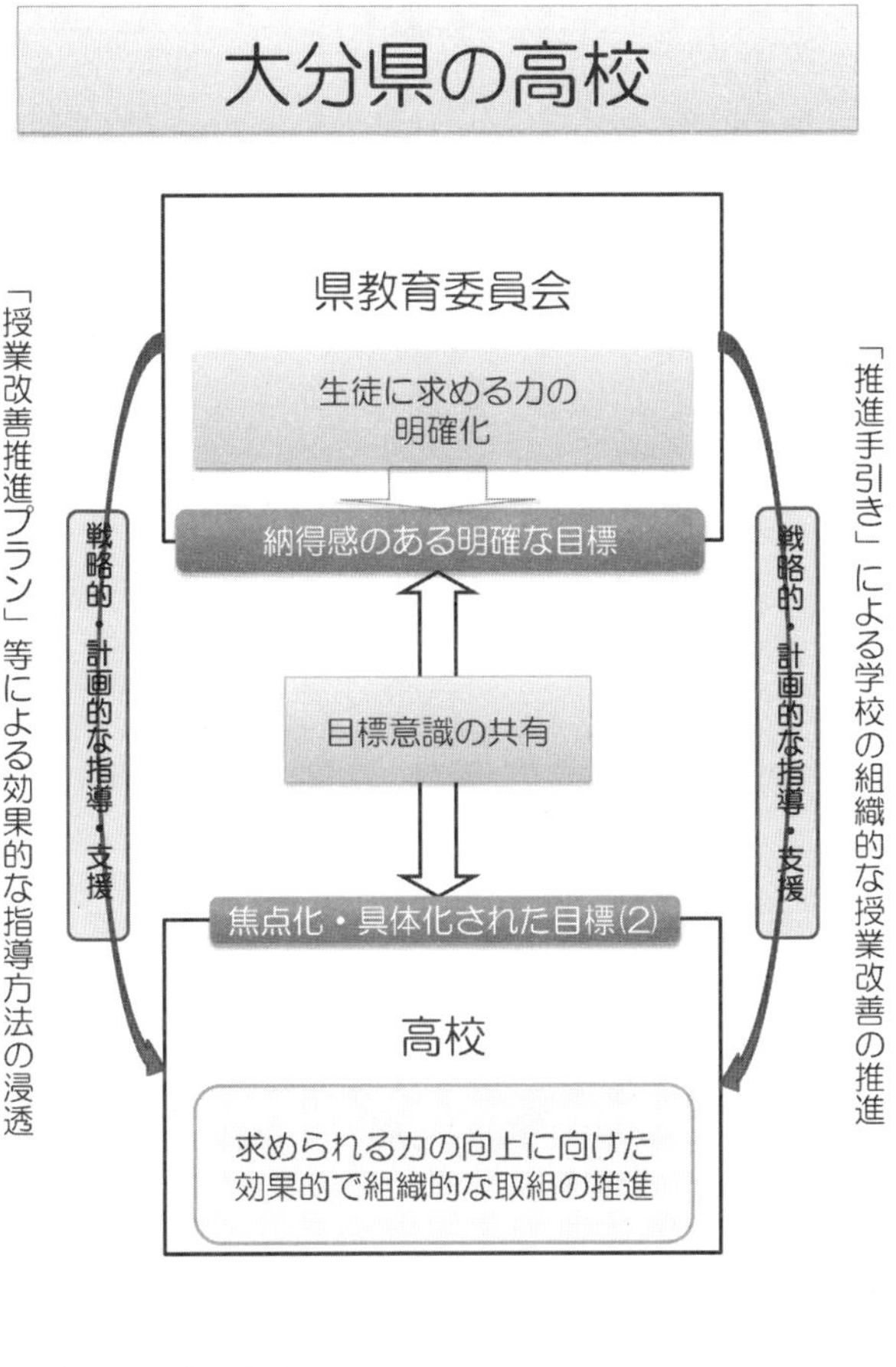

介したように、組織的な授業改善を進める手引きも作成したばかりです。これらを活用して戦略的・計画的な指導・支援を行うことで、全ての高校で効果的で組織的な授業改善が進み、「付けたい力を意識した密度の濃い授業」が展開されていくことを期待しています。

以上を前々ページ・前ページに図で表してみました。

未来を切り拓く力と意欲の育成

ここまで、第5章、第6章と2章に渡って、国の動向と関連付けながら、「大分県グローバル人材育成推進プラン」の内容を紹介してきました。改めて、「大分県グローバル人材育成推進プラン」で目指しているのは、下の5つの力の育成です。

これらの力は、これからの子どもに必要として、新大学入試で求めている「主体性・多様性・協働性」「思考力・判断力・表現力」、そして英語の4技能に、まさしく対応したものです。

2020年を見通しながら、グローバル社会を生きる全ての子どもたちの、未来を切り拓く力と意欲を高められるよう、スピード感を持って取組を進めていくことが必要だと考えています。

大分県におけるグローバル人材の資質・能力

世界に挑戦し、多様な価値観を持った者と協働する基盤となる

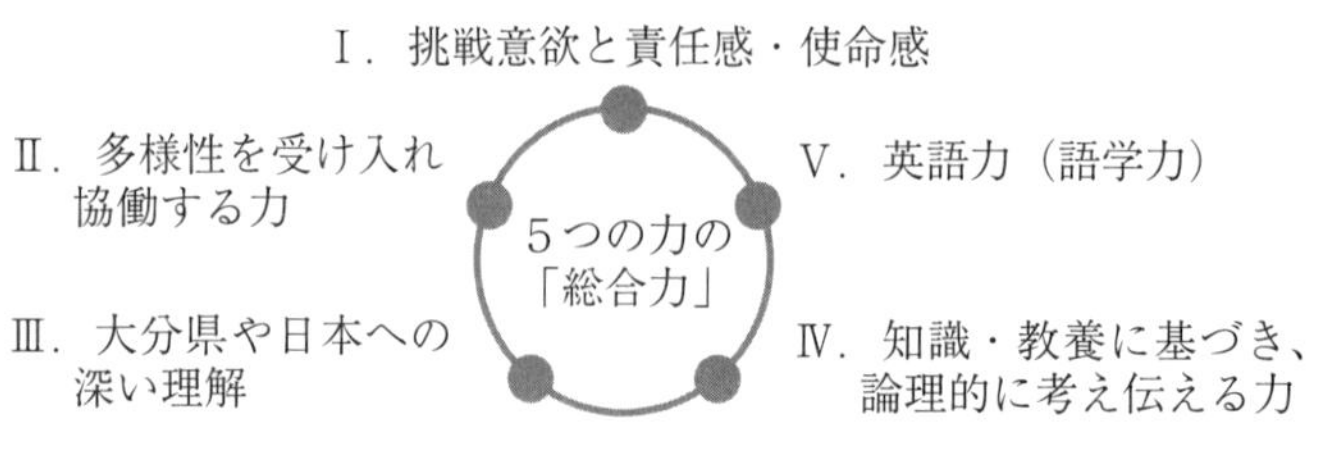

1　中央教育審議会（平成26年12月22日）『新しい時代にふさわしい高大接続の実現に向けた高等学校教育、大学教育、大学入学者選抜の一体的改革について～すべての若者が夢や目標を芽吹かせ、未来に花開かせるために～（答申）』を参照

2　ベネッセ総合教育研究所『第４回学習指導基本調査・国内調査高校生版［２００６年］』18ページより

3　ベネッセ総合教育研究所『第５回学習指導基本調査（高校版）［２０１０年］』34ページより

4　ベネッセ総合教育研究所『第５回学習基本調査・国内調査中学生版［２０１０年］』81ページ及び『第５回学習指導基本調査（小学校・中学校版）［２０１０年］』76ページを統合

5　ベネッセ総合教育研究所『第４回学習基本調査報告書・国内調査小学生版［２００６年］』29ページ、『第４回学習基本調査・国内調査中学生版［２００６年］』37ページ及び『第４回学習基本調査・国内調査高校生版［２００６年］』37ページを統合

6　26年12月には、教育課程の中で「課題研究」を行うこととなっている専門高校では、普通科高校以上に、生徒の思考力を高める先進的な取組が行われているのではないかという趣旨で、「専門高校の反撃」という講演をしました。

7　中央教育審議会（平成26年12月22日）『新しい時代にふさわしい高大接続の実現に向けた高等学校教育、大学教育、大学入学者選抜の一体的改革について～すべての若者が夢や目標を芽吹かせ、未来に花開かせるために～（答申）』9ページより

COLUMN

いい授業とは

皆さんは、学校の授業を見に行かれたことがあるでしょうか？　そして、見られた授業の良し悪しについて考えてみたことがあるでしょうか？

素人には授業の良し悪しなんて分からないと仰られる方も多いかもしれません。私はそんなことはないと思っています。学校を卒業したのがかなり昔であっても、最近、会社での研修を受けたり、著名人の講演を聴きに行ったりしたことがある方は結構いらっしゃるのではないかと思います。いい研修や講演と、いい授業とは、私は概ね同じではないかと思っています。

例えば、講師が一方的に話すだけの研修ではどうしても眠くなってしまいますが、合間合間にいい問いかけや、グループで話し合う時間、自分の考えを書く時間などがあれば、頭が活性化し、充実した濃い時間を過ごしたと感じると思います。講演はどうしても一方通行になりますが、それでも、メリハリの効いた展開になっていたり、話に「間」を入れて聞き手が考える時間を作っていたり、充実した質疑応答があったりすると、強く記憶に残ります。授業も同じです。一方通行に教える授業ではなく、考える時間や話し合う時間、発表の時間があり、また、学んだことをどう活かせるのかが分かる授業だと、学びが深まり、学ぶ意欲も高まります。

大人が受ける研修は1年に数回あるかないかだと思いますが、子どもは毎日5、6時間の研修を、一年中受けているようなものです。一つ一つの授業の密度の濃さが、子どもたちの力と意欲の高まりを大きく左右すると感じています。

授業風景（大分県学力向上支援教員の授業）

第七章　教育行政で心がけるべきこと

ここまで、ここ数年取り組んできたことを振り返ってきました。また、「芯の通った学校組織」の活用の推進やグローバル社会を生きるために必要な「総合力」の育成といった、これからの取組についても触れさせてもらいました。

これから解決していくべき課題は、この本の中で触れただけでも、学力・体力の一層の向上、不登校対応、学校マネジメントの一層の推進、学校・家庭・地域の協働、国際交流の推進、高校改革、英語教育の充実など、様々です。

また、その他にも、今思いつくだけでも、新教育委員会制度の活用、特別支援教育の充実、メリハリのある教員給与制度の実現、小中学校の統廃合の問題など、枚挙に暇がありません。

各課題については、その時々の状況の中で判断し進めていくことですが、ここでは最後に、どういったことに心がけながら教育行政を進めるべきかについて、3年間を振り返る中で感じていることを6点書かせてもらいたいと思います。

1. 教室・学校の中に視点を置くこと

まず大切なことは、常に視点を教室や学校の中に置くことだと思います。教育行政の目的は、子どもの力と意欲の向上にあります。教室・学校にどう影響するか、どのように子どもの成長に結びつくかを具体的にイメージできないまま、いい取組を行うことはできません。

この3年間、文書を出したり計画を立てたりする時は、それにより子どもや教員の状況、教室や学校の雰囲気がどう変わるか頭の中で生き生きとイメージできるよう心がけてきました。そのため、意識的に多くの学校を訪れてきました。率直に言って、学校に行くのはかなり疲れます。五感をフルに使って学校内の様子を把握し、感じたことを頭の中で言語化し、はじめて会う校長に気も遣いながら言うべきことは言わなければなりません。それでも、机の上で悶々と悩んでいたことが、授業を見、校長と話をすることで一気に晴れた経験はたくさんありますし、元気な学校に行くとこっちも元気になります。

学校現場にいい影響を与えられない全ての取組は「無駄」だという意識を持って、教室・学校の中に視点を置いた教育行政を進めることが必要だと思います。

2. 指導・助言を大事にし、その質を高めること

教育行政は、他の一般行政と異なり、「国→県教委→市町村教委→学校」という指導・助言の関係が、法律で明確になっています。この指導・助言が有効に機能することが、教育の質を高める鍵だと思います。外部からの刺激を受けなければ、改善につながる情報の入手も人間関係も滞りがちになり、緊張感も失われていきます。指導・助言は、そういった状態に陥らないようにするための日本の教育行政の知

恵だと思います。

ただ、指導・助言を受ける側からすれば、「本当に現場の状況を分かって言っているのか」と感じることもあると思います。そこで重要なのが、指導・助言の質を高めることです。指導・助言の質を高める有効な方法は、「比較」だと思います。同じ学校の前の姿と今の姿を比較したり（タテの比較）、県内の学校を比較したり（ヨコの比較）する中で、その学校の課題が明確に見えるようになります。他県の学校を訪問することも大いにお奨めします。それも複数で行くべきです。他県に行くと、これが同じ学校かというほど雰囲気が違う場合があります。その違いを数人で共有して帰り、県内の学校との違いを比較してみることは、学校に対するそれまでの見方を見直す大事な契機になります。また、こういった「比較」の視点に加え、そもそも必要とされている指導は何なのかを学習指導要領の解説書や国の調査官などから学び、地域や学校の状況を頭に思い浮かべながら咀嚼してみることもとても大切です。

こういった視点をもちながら学校を訪問し、校長・教員の一言一言に耳を澄まし、子どもの表情に目を凝らし、他の学校とこの学校では何が違うのかを頭をフル回転させて考える中で指導・助言を行う力が高まっていくのだと思います。こういった学校を見る目を養うことは、指導主事のみならず、事務系の職員にとっても大事です。あらゆる施策の出発点は、現場の課題を的確に捉えることにあるからです（今、大分県にはそのような目を持つ職員が増えていると心強く思っています）。

大分に出向に来る際、文部科学省の元上司から、まずは「教職員の思いをよく聞くこと」、そして「何にでも疑問を持ち、考え、視野を広げ、情報を集め、また考え、ということを常に繰り返す必要がある」という餞別の言葉を頂きました。今、改めてその通りだと感じています。

3．共通化と創意工夫のバランスを意識すること

忘れてはならないことが、「共通化と創意工夫」の両方をバランスよく意識することです。大分県ではここ数年、授業スタイルや学校マネジメントの共通化を進めてきました。「大分スタンダード」、「芯の通った学校組織」の4点セットや運営委員会などで、これらは、他県での効果的な取組を大分県なりにアレンジして、一定の形として提案したものです。各学校の指導がバラバラで課題もあった中、共通化を進めることで、指導の質が底上げされたと思っていますし、また、一定の形が共有されているからこそ、教員間、学校間での高め合いも行いやすくなったのではと思います。

大切なことは、こういった大きな意味での共通化を進めながら、同時に、学校現場の創意工夫を尊重し、促すことです。

教育行政の歴史をひもとくと、行政が学校現場の創意工夫を学び共通化することにより改善が進んできた例が多いように思います。この本で取り上げた主任制度もそうですし、現学習指導要領が充実を求めている言語活動も、15年度から広島県の学校で行われている「ことばの教育」が先駆けになっています。全国で行われている学校支援地域本部の取組も、杉並区の和田中学校が一つのモデルです。

このような歴史は、教育の知恵は現場にあること、教育行政には県内外からそれを見出し積極的に「いいとこ取り」をして共通化していく見識が求められること、そして共通化を図りながらも同時に学校現場の創意工夫を促し、より良い教育が生まれ育まれる環境を作る必要があることを物語っていると思い

ます。振り返ると、「芯の通った学校組織」活用推進プランの「8つの観点」も、県内の学校の創意工夫をもとに共通化を図ったものでした。

教育の質を継続的に高めていく上で、行政における共通化と学校現場の創意工夫がお互いにいい影響を与えていくよう意識することが重要だと思います。

4．組織文化に留意すること

4つ目は、組織文化に留意することです。行政にいると、どの学校に何人教員が配置されているかとか、どれくらいのお金がついているかといった「目に見えるもの」に目を奪われがちです。実際には、同じ人数、同じメンバー、同じお金がかかっていても、その組織のパフォーマンスは驚くほど違うことがあります。それは、その組織（学校）の組織文化にどれくらい「張り」があるかにかかっているように思います。

温かい人間関係はとても大切ですが、同時に適度な緊張感や仕事の成果に対する厳しさがなければ、子どもに対しても同僚に対しても自分に対しても「なあなあ」になっていきます。もちろん、トップダウンに終始する組織やパワハラが横行する組織が健全でないことは言うまでもありません。

組織文化の課題は、その時々で、またそれぞれの学校で様々だと思いますが、共通の視点は、子どもの力と意欲をどこまでも伸ばしていこうとする改善志向の組織文化になっているかということだと思います。教員を配置し施設設備を整えるだけではなく、より改善志向の組織文化が定着するよう手を打っていくことも、教育行政の重要な役割だと感じます。

5．スピード感を大切にすること

何かを変えていこうとする時に特に大切なのが、スピードです。ここでいうスピードとは、やると判断したなら間延びさせずどんどん進めていくこと、また、その過程で現場から求められていることがあれば、即座に対応するということです。

スピードは、取組に勢いと迫力を生みます。また、汗をかいて現場のニーズを汲み取り、役に立つ情報提供や支援を即座に行うことで、現場との信頼関係も生まれてきます。

もちろん、スピード感のある対応とは、学校の理解をないがしろにするという意味ではありません。それでは本末転倒です。往々にして、行政は情報を十分共有しないまま「これくらいは分かってもらえているだろう」と思い込むところがあります。指導・助言の機能を十分活かし、学校現場に分かりやすい情報提供を行う必要があります。また、すぐには結論が出ないことでも、会議を立ち上げ検討期間を示した上で議論を進めたり、予め方向性だけでも伝えておいたりすることで、スピード感を保ちながら徐々に取組の内容を共有していくこともできます。

県全体の取組を進めるのは、例えて言うと、大きな重い球を押すようなものです。はじめはなかなか進みませんが、スピード感を大切にしながらしっかり後押しをしていけば、徐々に前に進み、すべきことを続けていれば加速もしていきます。

6. 覚悟

最後は、覚悟です。この3年間、最も強く感じたのは教育委員会の責任の大きさです。ある市町村を立て直した尊敬する元教育長が言われたことがあります。「長期に渡ってこの町の子どもに平均的な学力を保障してやれず、子どもたちの選択肢を狭めてしまった責めは、学校、団体以上に教育委員会が負うべきだ。」

教育委員会の姿勢、判断は、その一つ一つが時にはダイレクトに、時にはさざ波のように確実に学校現場に伝わり、子どもに影響を与えます。すぐには見えなくても、教育委員会の判断は現場に大きな影響を及ぼしているということを教育行政に携わる者はしっかり認識しておく必要があると思います。何かを判断しなかった場合も同じです。むしろ「目に見える」判断よりも影響が大きいかもしれません。例えば、40年に及ぶ大分県の小中学校での学校マネジメントの停滞は、すべき判断を「しなかった」教育委員会の姿勢が作り出したものだと思います。逆に、適切な判断を繰り返せば必ず光が見えてくると思いますし、しなければいけないことが見えているならば、時に駆け引きはしても、決して退くことなく取り組んでいかなければならないと思います。

教育行政が担っている役割の大きさを認識すること、そして、必要と感じた時には判断し切る覚悟を持つことが、教育行政には何より重要だと思います。

おわりに

大分県は、教育の「後進県」だと多くの人に思われているように感じます。この3年間、他県の教育委員会の方と話す機会がかなりありましたが、大分県からだと言うと、「大分ですか。大変ですね。」と言われることが多かったです。平成20年には教員採用汚職事件が、最近でも「韓国平和の旅」などが全国の紙面に載ったり、組合活動が活発な県という印象が持たれたりしていることが背景にあるかもしれません。

それでは、私は大分県が教育の「後進県」だと思っているかと言うと、決してそういうことはありません。

大分県の先生方の大半は、真摯に子どもたちに向かい、自分の時間も削って仕事をされていると思いますし、そういう姿をたくさん見てきました。また、学校のマネジメントについての「遅れた」状況はありましたが、学校現場の積極的な取組の中で教職員の意識が大きく高まり、今ではむしろ他県にご紹介したいような取組もたくさん生まれてきています。教職員組合との関係も少なくとも県レベルではこれ以上ないくらい峻別がされていますし、昨年の調査では、9割の校長、8割の保護者が、「大分の教育は、より良くなってきている」と回答してくれました。何より、学力の向上、体力の向上が進み、これまでの努力が目に見える形で実を結びつつあります。高校改革についても、「授業改善推進プラン」のもと、県を挙げた取組を進めることとなっています。昨年からは、有志の教員が本音で語り合う教員塾「夢」も立ち上がっています。

今、大切なことは、立ち止まらないということだと思います。不断に教育を改善し、「当たり前の質」を上げていくことで、子どもの力と意欲をどこまでも伸ばしていくことが、我々の使命です。現在今後10年間の大分県の総合計画をオール県庁で作成中ですが、この中で「教育県大分の創造」という言葉を掲げようとしています。今後一層の取組により、子どもたちの未来を切り拓く力と意欲を伸ばし、かつてのように、大分県は「教育県」だと全国に誇れるようになっていくことを、心から祈っています。

「はじめに」で書いたように、この本は、「引き継ぎ」をすることとともに、保護者や地域の方々に教育委員会の取組をお知らせすることを意図して書かせて頂きました。書いてみると、専門的になってしまったところや、教育関係者向けのメッセージになってしまったところも多く、読みにくいところも多々あったと思います。この場を借りてお詫び申し上げます。

また、教育行政に携わっている方々に、大分県の取組をお伝えしたいという目的もありました。グローバル化を意識して国全体の教育が大きく変わりつつある中で、教育委員会として何を考えどう対応するのか、全国の取組の一つの「縮図」として参考にして頂けるところがあれば幸いに思います。

大分県での課長生活は、本当に悩みと試行錯誤の連続でした。本文の中では、学校のマネジメントについて「分かったようなこと」を書きましたが、自分自身の教育改革・企画課長としてのマネジメントを振り返ると、全く胸を張ることはできません。1年目は五里霧中でしたし、2年目の人事面接ではタイミングもあったでしょうが多くの職員が異動を希望し、しばらく「どよーん」とした気持ちを抱えながら仕事をしたことを覚えています。3年目は人も増え充実した体制で一年を過ごしましたが、その分、自分のマネジメントへの甘えがあったように思います。「マネジメントする」とは、実に難しいものだと痛感しています。

ただ、そういった日々の中で、自分としてできる限り力を尽くし、色々な意味で成長させて頂いたことは間違いないと思っています。大分県と縁もゆかりもない私を迎え入れて頂き、まるでずっと前からの同僚のように接してくれ、支えてくれ、成長させてくれた大分県教育委員会の方々、慈父のように温かい言葉をかけてくれた市町村の教育長の方々、常に厳しくも温かい目で見守って下さった知事、そして学校現場の苦労と喜びを教えてくれた学校の先生方に、心からお礼を申し上げます。

最後になりましたが、この本を書く機会を与えて頂いた合田隆史尚絅学院大学学長（元文部科学省生涯学習政策局長）、本にまとめて頂いた悠光堂の佐藤裕介氏、三坂輝氏に心から感謝申し上げます。

佐野壽則

平成27年3月21日

平成26年度教育改革・企画課送別会より

著者略歴

佐野 壽則

昭和52年2月21日生まれ。徳島県出身。東京大学法学部卒業。ブリティッシュ・コロンビア大学修士（教育学）課程修了。

平成12年度三井物産株式会社入社・退社。平成14年度文部科学省入省後、高等教育、青少年教育、初等中等教育に携わり、平成24年度から3年間、大分県教育委員会に出向。

未来を切り拓く力と意欲の向上に向けて

〜大分県の教育改革〜

2015年6月1日　初版第一刷発行

著者　佐野 壽則

発行人　佐藤 裕介
編集人　三坂 輝
発行所　株式会社 悠光堂
〒104-0045 東京都中央区築地6-4-5 シティスクエア築地1103
電話 03-6264-0523　FAX 03-6264-0524

印刷・製本　株式会社ベスト

 ISBN978-4-906873-43-2　C0037

文教政策選書